AURORA ROJA

PÍO BAROJA

LA LUCHA POR LA VIDA

* * *

AURORA ROJA

NOVELA

EDITORIAL PLANETA
BARCELONA

Upsala College
Library
East Orange, N. J.

COLECCIÓN «AUTORES ESPAÑOLES CONTEMPORÁNEOS»

© EDITORIAL PLANETA, 1961

OCTUBRE DE 1965

DEPÓSITO LEGAL: B. 27467 — 1965

N.º REGISTRO 691 - 61

PRINTED IN SPAIN

Talleres Gráficos «Duplex». - Fontova, 6. - Barcelona

PRÓLOGO

Cómo Juan dejó de ser seminarista

Habían salido los dos muchachos a pasear por los alrededores del pueblo, y a la vuelta, sentados en un petril del camino, cambiaban a largos intervalos alguna frase indiferente.

Era uno de los mozos alto, fuerte, de ojos grises y expresión jovial; el otro, bajo, raquítico, de cara manchada de roséolas y de mirar adusto y un tanto sombrío.

Los dos, vestidos de negro, imberbe el uno, rasurado el otro, tenían aire de seminaristas; el alto grababa con un cortaplumas en la corteza de una vara una porción de dibujos y de adornos; el otro, con las manos en las rodillas, en actitud melancólica, contemplaba, entre absorto y distraído, el paisaje.

El día era de otoño, húmedo, triste. A lo lejos, asentada sobre una colina, se divisaba la aldea con sus casas negruzcas y sus torres más negras aún. En el cielo, gris como una lámina mate de acero, subían despacio las tenues columnas de humo de las chimeneas del pueblo. El aire estaba silencioso; el río, escondido tras de un boscaje, resonaba vagamente en la soledad.

Se oía el tintineo de las esquilas y un lejano tañer de campana. De pronto resonó el silbido estridente de un tren; luego se vio aparecer una blanca humareda entre los árboles, que pronto se convirtió en una neblina suave.

—Vámonos ya —dijo el más alto de los mozos.

—Vamos —repuso el otro.

Se levantaron del petril del camino, en donde estaban sentados, y comenzaron a andar en dirección del pueblo. Una niebla vaga y melancólica comenzaba a cubrir el campo. La carretera, como una cinta violácea, manchada por el amarillo y el rojo de las hojas muertas, corría entre los altos árboles desnudos por el otoño hasta perderse a lo lejos, ondulando en una extensa curva. Las ráfagas de aire hacían desprenderse de las ramas a las hojas secas que correteaban por el camino.

—Pasado mañana ya estamos otra vez allí —dijo el mocetón alegremente.

—¡Quién sabe! —replicó el otro.

—¿Cómo quién sabe? Yo lo sé y tú también.

—Tú sabrás que vas a ir; yo, en cambio, sé que no voy.

—¿Que no vas?

—No.

—¿Y por qué?

—Porque estoy decidido a no ser cura.

Tiró el mozo al suelo la vara que había labrado, y quedó contemplando a su amigo con extrañeza.

—Pero tú estás loco, Juan.

—No, no estoy loco, Martín.

—¿No piensas volver al seminario?
—No.
—¿Y qué vas a hacer?
—Cualquier cosa. Todo, menos ser cura; no tengo vocación.
—¡Toma! ¡Vocación! ¡Vocación! Tampoco la tengo yo.
—Es que yo no creo en nada.

El buen mozo se encogió de hombros cándidamente.

—Pero hay que vivir, chico. Si yo tuviera dinero, ¿me haría cura? No; me iría al campo y viviría la vida rústica y trabajaría la tierra con mis propios bueyes, como dice Horacio: *Paterna rura bobus, exercet suis*; pero no tengo un cuarto, y mi madre y mis hermanas están esperando que acabe la carrera. ¿Y qué voy a hacer? Lo que harás tú también.

—No; yo no. Tengo la decisión firme de no volver al seminario.

—¿Y cómo vas a vivir?
—No sé; el mundo es grande.
—Eso es una niñada. Tú estás bien, tienes una beca en el seminario. No tienes familia... Los profesores han sido buenos para ti..., podrás doctorarte..., podrás predicar..., ser canónigo..., quizás obispo.

—Aunque me prometieran que había de ser Papa, no volvería al seminario.

—Pero ¿por qué?
—Porque no creo; porque ya no creo; porque no creeré ya más.

Calló Juan y calló su compañero y siguieron caminando uno junto a otro.

La noche se entraba a más andar, y los dos mucha-

chos apresuraron el paso. El mayor, después de un largo momento de silencio, dijo:
—¡Bah!... Cambiarás de parecer.
—Nunca.
—Apuesto cualquier cosa a que eso que me dijiste del padre Pulpon te ha hecho decidirte.
—No; todo eso ha ido soliviantándome.
—Tú no sabes lo que dices, Juan.
—Cree lo que quieras.
—Chico, me asombra oírte. Yo que te creía casi un santo. ¡Tú, el mejor discípulo del curso! ¡El único que tenía verdadera fe, como decía el padre Modesto!
—El padre Modesto es un hombre de buen corazón, pero es un alucinado.
—¿Tampoco crees en él? Pero ¿cómo has cambiado de ese modo?
—Pensando, chico. Yo mismo no me he dado cuenta de ello. Cuando comencé a estudiar el cuarto año con don Tirso Pulpon, todavía tenía alguna fe. Al mismo tiempo que con don Tirso estudiaba con el padre Belda, que, como dice el lectoral, es un ignorante profeso. El padre Belda le odia al padre Pulpon porque Pulpon sabe más que él. Luego leí libros y pensé y sufrí mucho, y desde entonces ya no creo.
—¿Libros prohibidos?
—Sí. Últimamente, en la época de los exámenes, dibujé una caricatura brutal, horrorosa, del padre Pulpon, y algún amiguito suyo se la entregó. Estábamos a la puerta del seminario hablando cuando se presentó él. «¿Quién ha hecho esto?», dijo, enseñándome el dibujo. Todos se callaron; yo me quedé parado. «¿Lo has hecho tú?», me preguntó. «Sí, señor.» «Bien, ya tendremos tiempo de vernos.» Te digo que

con esa amenaza, los primeros días que estuve aquí no podía ni dormir. Estuve pensando una porción de cosas para sustraerme a su venganza, hasta que se me ocurrió que lo más sencillo era no volver al seminario.

—Y esos libros que has leído, ¿qué dicen?

—Explican cómo es la vida, la verdadera vida, que nosotros no conocemos.

—¡Mal haya ellos! ¿Cómo se llaman esos libros?

—El primero que leí fue *Los misterios de París*; después, *El judío errante* y *Los miserables*.

—¿Son de Voltaire?

—No.

Martín sentía una gran curiosidad por saber qué decían aquellos libros.

—¿Dirán barbaridades?

—No.

—¡Cuenta! ¡Cuenta!

En Juan habían hecho las lecturas una impresión tan fuerte, que recordaba todo con los más insignificantes detalles. Comenzó a narrar lo que pasaba en *Los misterios de París* y no olvidó nada; parecía haber vivido con el *Churiador* y la *Lechuza*, con el maestro de escuela, el príncipe Rodolfo y Flor de María; los presentaba a todos con sus rasgos característicos.

Martín escuchaba absorto; la idea de que aquello estaba prohibido por la Iglesia le daba mayor atractivo; luego, el humanitarismo declamador y enfático del autor encontraba en Juan un propagandista entusiasta.

Ya había cerrado la noche. Comenzaron los dos seminaristas a cruzar el puente. El río, turbio, rápido, de color de cieno, pasaba murmurando por debajo de las fuertes arcadas, y más allá, desde una alta presa cercana, se derrumbaba con estruendo, mostrando sobre su lomo haces de caña y montones de ramas secas.

Y mientras caminaban por las calles del pueblo, Juan seguía contando. La luz eléctrica brillaba en las vetustas casas, sobre los pisos principales, ventrudos y salientes, debajo de los aleros torcidos, iluminando el agua negra de la alcantarilla que corría por en medio del barro. Y el uno contando y el otro oyendo recorrieron callejas tortuosas, pasadizos siniestros, negras encrucijadas.

Tras de los héroes de Sue fueron desfilando los de Víctor Hugo, monseñor Bienvenido y Juan Valjean, Javert, Gavroche, Fantina, los estudiantes y los bandidos de Patron Minette.

Toda esta fauna monstruosa bailaba ante los ojos de Martín una terrible danza macabra.

—Después de esto —terminó diciendo Juan— he leído los libros de Marco Aurelio y los *Comentarios*, de César, y he aprendido lo que es la vida.

—Nosotros no vivimos —murmuró con cierta melancolía Martín—. Es verdad; no vivimos.

Luego, sintiéndose seminarista, añadió:

—Pero, bueno, ¿tú crees que habrá ahora en el mundo un metafísico como Santo Tomás?

—Sí —afirmó categóricamente Juan.

—¿Y un poeta como Horacio?

—También.

—Y entonces, ¿por qué no los conocemos?

—Porque no quieren que los conozcamos. ¿Cuánto tiempo hace que escribió Horacio? Hace cerca de dos mil años; pues bien, los Horacios de ahora se conocerán en los seminarios dentro de dos mil años. Aunque dentro de dos mil años ya no habrá seminarios.

Esta conjetura, un tanto audaz, dejó a Martín pensativo. Era, sin duda, muy posible lo que Juan decía. Tales podrían ser las mudanzas y truecos de las cosas.

Se detuvieron los dos amigos un momento en la plaza de la iglesia, cuyo empedrado de guijarros manchaba a trozos la hierba verde. La pálida luz eléctrica brillaba en los negros paredones de piedra, en los saledizos, entre los lambrequines, cintas y penachos de los escudos labrados en los chaflantes de las casas.

—Eres muy valiente, Juan —murmuró Martín.
—¡Bah!
—Sí, muy valiente.

Sonaron las horas en el reloj de la iglesia.

—Son las ocho —dijo Juan—; me voy a casa. Tú, mañana te vas, ¿eh?

—Sí; ¿quieres algo para allá?

—Nada. Si te preguntan por mí, diles que no me has visto.

—¿Pero es tu última resolución?

—La última.

—¿Por qué no esperar?

—No. Me he decidido ya a no retroceder nunca.

—Entonces, ¿hasta cuándo?

—No sé...; pero creo que nos volveremos a ver alguna vez. ¡Adiós!

—Adiós; me alegraré que te vaya bien por esos mundos.

Se dieron la mano. Juan salió por detrás de la iglesia al ejido del pueblo, en donde había una gran cruz; luego bajó hacia el puente. Martín entró por una tortuosa callejuela un tanto melancólico. Aquella rápida visión de una vida intensa le había turbado el ánimo.

Juan, en cambio, marchaba alegre y decidido. Tomó el camino de la estación, que era el suyo. Una calma profunda envolvía el campo; la luna brillaba en el cielo; una niebla azul se levantaba sobre la tierra húmeda, y en el silencio de la noche apacible, sólo se oía el estruendo de las aguas tumultuosas del río al derrumbarse desde la alta presa.

Pronto vio Juan a lo lejos brillar entre la bruma un foco eléctrico. Era la estación. Estaba desierta; entró Juan en una oscura sala ocupada por fardos y pellejos. Andaba por allí un hombre con una linterna.

—¿Eres tú? —le dijo a Juan.
—Sí.
—¿Qué has hecho que has venido tan tarde?
—He estado despidiéndome de la gente.
—Bueno; ya tienes preparado tu equipaje. ¿A qué hora vas a salir?
—Ahora mismo.
—Está bien.

Juan entró en la casa de su tío, y luego, en su cuarto, tomó un saco de viaje y un morralito y salió al andén. Se oyó el timbre anunciando la salida del tren de la estación inmediata; poco después, un lejano silbido. La locomotora avanzó echando bocanadas de humo. Juan subió a un coche de tercera.

—Adiós, tío.
—Adiós y recuerdos.

Echó a andar el tren por el campo oscuro, como si tuviera miedo de no llegar; a la media hora se detuvo en un apeadero desierto: un cobertizo de cinc con un banco y un farol. Juan cogió su equipaje y saltó del vagón. El tren, inmediatamente, siguió su marcha. La noche estaba fría; la luna se había ocultado tras del lejano horizonte, y las estrellas temblaban en el alto cielo; cerca se oía el rumor confuso y persistente del río. Juan se acercó a la orilla y abrió su saco de viaje. Tanteando encontró su manteo, su tricornio y la beca, los libros de texto y los apuntes. Volvió a meterlo todo, menos la ropa blanca, en el saco de viaje e introdujo, además, dentro una piedra; luego, haciendo un esfuerzo, tiró el bulto al agua, y el manteo, el tricornio, la beca, los apuntes, la metafísica y la teología fueron a parar al fondo del río. Hecho esto, se alejó de allí y tomó por la carretera.

—Siempre adelante —murmuró—. No hay que retroceder.

Toda la noche estuvo caminando sin encontrar a nadie; al amanecer se cruzó con una fila de carretas de bueyes cargadas de madera aserrada y de haces de jara y de retama; por delante de cada yunta, con la ijada al hombro, marchaban mujeres, cubierta la cabeza con el refajo.

Se enteró Juan por ellas del camino que debía seguir, y cuando el sol comenzó a calentar se tendió en la oquedad de una piedra, sobre las hojas secas. Se despertó al mediodía, comió un poco de pan, bebió agua en un arroyo y, antes de comenzar la marcha, leyó un trozo de los *Comentarios*, de César.

Reconfortado su espíritu con la lectura, se levantó y siguió andando. En la soledad, su espíritu atento encontró el campo lleno de interés. ¡Qué diversas formas! ¡Qué diversos matices de follaje presentaban los árboles! Unos, altos, robustos, valientes; otros, rechonchos, achaparrados; unos, todavía verdes; otros, amarillos; unos, rojos, de cobre; otros, desnudos de follaje, descarnados como esqueletos; cada uno de ellos, según su clase, tenía hasta un sonido distinto al ser azotado por el viento: unos temblaban con todas sus ramas, como un paralítico con todos sus miembros; otros doblaban su cuerpo en una solemne reverencia; algunos, rígidos e inmóviles, de hoja verde, perenne, apenas se estremecían con las ráfagas de aire. Luego, el sol jugueteaba entre las hojas, y aquí blanqueaba y allí enrojecía, y en otras partes parecía abrir agujeros de luz entre las masas de follaje. ¡Qué enorme variedad! Juan sentía despertarse en su alma, ante el contacto de la Naturaleza, sentimientos de una dulzura infinita.

Pero no quería abandonarse a su sentimentalismo, y durante el día, dos o tres veces leía en voz alta los *Comentarios*, de César, y esta lectura era para él una tonificación de la voluntad...

Una mañana cruzaba de prisa un húmedo helechal cuando se le presentaron dos guardas armados de escopeta, seguidos de perros y de una bandada de chiquillos. Los perros husmearon entre las hierbas, aullando, pero no encontraron nada; uno de los muchachos dijo:

—Aquí hay sangre.

—Entonces, alguien ha cobrado la pieza —exclamó uno de los guardas—. Será éste —y, abalanzándose a Juan, le asió fuertemente del brazo—. ¿Tú has cogido una liebre muerta aquí?

—Yo, no —contestó Juan.

—Sí; tú la has cogido. Tráela —y el guarda le agarró a Juan de una oreja.

—Yo no he cogido nada. Suelte usted.

—Registradle.

El otro guarda le sacó el morral y lo abrió. No había nada.

—Entonces la has escondido —dijo el primer guarda, sujetándole a Juan del cuello—. Di dónde está.

—Que digo que yo nada he cogido —exclamó Juan, sofocado y lleno de ira.

—Ya lo confesarás —murmuró el guarda, quitándose el cinturón y amenazándole con él.

Los chicos que acompañaban a los guardas en el ojeo rodearon a Juan, riéndose. Éste se preparó para la defensa. El guarda, algo asustado, se detuvo. En esto se acercó al grupo un señor vestido de pana, con pantalón corto, polainas y sombrero ancho blanco.

—¿Qué se hace? —gritó, furioso—. Aquí estamos esperando. ¿Por qué no se sigue el ojeo?

El guarda explicó lo que pasaba.

—Dadle una buena azotaina —dijo el señor.

Se iba a proceder a lo mandado, cuando un chico vino a decir que había pasado, a campo traviesa, un hombre escopetero con una liebre en la mano.

—Entonces no era éste el ladrón. Vámonos.

—¡Por Cristo, que si alguna vez puedo —gritó Juan al guarda— me he de vengar cruelmente!

Corriendo, devorando lágrimas de rabia, atravesó el helechal hasta salir al camino; no había andado cien pasos cuando vio en pie, con la escopeta en la mano, al hombre vestido de cazador.

—No pases —le gritó éste.

—El camino es de todos —contestó Juan, y siguió andando.

—Que no pases te digo.

Juan no hizo caso, adelantó con la cabeza erguida sin mirar atrás. En esto sonó una detonación, y Juan sintió un dolor ligero en el hombro. Se llevó la mano por encima de la chaqueta y vio que tenía sangre.

—¡Canalla! ¡Bandido! —gritó.

—Te lo había dicho. Así aprenderás a obedecer— contestó el cazador.

Siguió Juan andando. El hombro le iba doliendo cada vez más.

Le quedaban todavía unos céntimos y llamó en una venta que encontró en el camino. Entró en el zaguán y contó lo que le había pasado. La ventera le trajo un poco de agua para lavarse la herida, y después le llevó a un pajar. Había allí otro hombre tendido, y al oír quejarse a Juan le preguntó lo que tenía. Se lo contó Juan, y el hombre dijo:

—Vamos a ver qué es eso.

Tomó el farol que había dejado la ventera en el dintel del pajar y le reconoció la herida.

—Tienes tres perdigones. Descansa unos días y se te cura esto.

Juan no pudo dormir con el dolor en toda la noche. A la mañana siguiente, al rayar el alba, se levantó y salió de la venta.

El hombre que dormía en el pajar le dijo:

—¿Pero adónde vas?

—Adelante; no me paro por esto.

—¡Eres valiente! Vamos andando.

Tenía Juan el hombro hinchado y le dolía al andar; pero, después de una caminata de dos horas, ya no sintió el dolor. El hombre del pajar era un vagabundo.

Al cabo de un rato de marcha le dijo a Juan:

—Siento que por mi causa te hayan jugado una mala partida.

—¿Por su causa? —preguntó Juan.

—Sí; yo me llevé la liebre. Pero hoy la comeremos los dos.

Efectivamente; al llegar al cauce de un río, el vagabundo encendió fuego y guisó un trozo de la liebre. La comieron los dos y siguieron andando.

Cerca de una semana pasó Juan con el vagabundo. Era éste un tipo vulgar, mitad mendigo, mitad ladrón; poco inteligente, pero hábil. No tenía más que un sentimiento fuerte: el odio por el labrador, unido a un instinto antisocial enérgico. En un pueblo donde se celebraba una feria, el vagabundo, reunido con unos gitanos, desapareció con ellos...

Un día estaba Juan sentado en la hierba al borde de un sendero, leyendo, cuando se le presentaron dos guardias civiles.

—¿Qué hace usted aquí? —le preguntó uno de ellos.

—Voy de camino.

—¿Tiene usted cédula?

—No, señor.

—Entonces venga usted con nosotros.

—Vamos allá.

Metió Juan el libro en el bolsillo, se levantó y echaron los tres a andar. Uno de los guardias tenía grandes bigotes amenazadores y el ceño terrible, el otro parecía un campesino. De pronto, el de los bigotes, mirando a Juan de un modo fosco, le preguntó:

—Tú te habrás escapado de casa, ¿eh?

—Yo, no, señor.

—¿Adónde vas?

—A Barcelona.

—¿Así, andando?

—No tengo dinero.

—Mira, dinos la verdad y te dejamos marchar.

—Pues la verdad es que soy estudiante de cura y he ahorcado los hábitos.

—Has hecho bien —gritó el de los bigotes.

—¿Y por qué no quieres ser cura? —preguntó el otro—. Es un bonito empleo.

—No tengo vocación.

—Además, te gustarán las chicas —añadió el bigotudo—. Y tus padres, ¿qué han dicho a eso?

—No tengo padre ni madre.

—¡Ah! Entonces..., entonces es otra cosa... Estás en tu derecho.

Al decir esto, el de los bigotes sonrió. A primera vista era un hombre imponente; pero al hablar se le notaba en los ojos y en la sonrisa una gran expresión de bondad.

—¿Y qué vas a hacer en Barcelona?

—Quiero ser dibujante.

—¿Sabes algo ya del oficio?

—Sí; algo sé.

Fueron así charlando, atravesaron unos pinares en donde el sol brillaba espléndido y se acercaron a un pueblecillo que en la falda de una montaña se asentaba. Juan, a su vez, hizo algunas preguntas acerca del nombre de las plantas y de los árboles a los guardias. Se veía que los dos habían trocado el carácter adusto y amenazador del soldado por la serenidad y la filosofía del hombre del campo.

Al entrar en una calzada en cuesta que llevaba al pueblo se les acercó un hombre a caballo, ya viejo, y con boina.

—Hola, señores. ¡Buenas tardes! —dijo.

—Hola, señor médico.
—¿Quién es este muchacho?
—Uno que hemos encontrado en el camino leyendo.
—¿Le llevan ustedes preso?
—No.
El médico hizo algunas preguntas a Juan, y éste le explicó adónde iba y lo que pensaba hacer; y hablando todos juntos llegaron al pueblo.
—Vamos a ver tus habilidades —dijo el médico—. Entraremos aquí, en casa del alcalde.
La casa del alcalde era una de esas tiendas de pueblo en donde se vende de todo y, además, era posada y taberna.
—Danos una hoja de papel blanco —dijo el médico a la muchacha del mostrador.
—No hay —contestó ella, muy desazonada.
—¿Habrá un plato? —preguntó Juan.
—Sí; eso, sí.
Trajeron un plato, y Juan lo ahumó con el candil. Después cogió una varita, le hizo punta y comenzó a dibujar con ella. El médico, los dos guardias y algunos otros que habían entrado rodearon al muchacho y se pusieron a mirar lo que hacía con verdadera curiosidad. Juan dibujó la luna entre nubes, y el mar iluminado por ella, y unas lanchitas con las velas desplegadas.
La obra produjo verdadera admiración entre todos.
—No vale nada —dijo Juan—; todavía no sé.
—¿Cómo que no vale nada? —replicó el médico—. Está muy bien. Yo me llevo esto. Vete mañana a mi casa. Tienes que hacerme dos platos como éste y, además, un dibujo grande.

Los dos guardias también querían que Juan les pintase un plato; pero había de ser igual que el del médico: con la misma luna y las mismas nubes y las mismas lanchitas.

Durmió Juan en la posada, y al día siguiente fue a casa del médico, el cual le dio una fotografía para que la copiase en tamaño grande. Tardó unos días en hacer su obra. Mientras tanto comió en casa del médico. Era este señor viudo y tenía siete hijos. La mayor, una muchacha de la edad de Juan, con una larga trenza rubia, se llamaba Margarita y hacía de ama de casa. Juan le contó ingenuamente su vida. Al cabo de una semana de estar allí, al despedirse de todos, le dijo a Margarita con cierta solemnidad:

—Si consigo alguna vez lo que quiero la escribiré a usted.

—Bueno —contestó ella, riéndose.

Antes de su salida del pueblo fue Juan a despedirse también de los dos guardias.

—¿Vas a ir por el monte o por la carretera? —le preguntó el de los bigotes.

—No sé.

—Si vas por el monte, nosotros te enseñaremos el camino.

—Entonces iré por el monte.

Al amanecer, después de una noche de insomnio sobre el duro saco de paja, se levantó Juan; en la cocina de la venta estaban ya los guardias. Salieron los tres. Aún no había amanecido cuando comenzaron a subir por un camino en zigzag lleno de piedras blancas que escalaba el monte entre encinas corpulentas de hojas rojizas. Salió el sol; desde una altura se veía el pueblo en el fondo de un valle estrecho;

Juan buscó con la mirada la casa del médico; en una de las ventanas había una figura de mujer. Juan sacó su pañuelo y lo hizo ondear en el aire; luego se secó disimuladamente una lágrima... Siguieron andando; desde allá, el sendero corría en línea recta por el declive de una falda cubierta de césped, en la que los rebaños blancos y negros pastaban al sol; luego, las sendas se dividían y se juntaban camino adelante. Encontraron al paso un viejo harapiento, con las guedejas largas y la barba hirsuta. Iba descalzo, apenas vestido y llevaba una piedra al hombro. Le llamaron los dos guardias; el hombre miró de través y siguió andando.

—Es un inocente —dijo el de los bigotes—; ahí abajo vive solo con su perro —y mostró una casa de ganado, con una huerta limitada por una tapia baja hecha de grandes piedras.

Al final del sendero que atravesaba el declive, el camino se torcía y entraba por unos pinares hasta terminar junto al lecho seco de un torrente lleno de ramas muertas. Los guardias y Juan comenzaron a subir por allá. Era la ascensión fatigosa. Juan, rendido, se paraba a cada instante, y el guardia de los bigotes le gritaba con voz campanuda:

—No hay que pararse. Al que se pare le voy a dar dos palos —y después añadía, riendo y haciendo molinetes con una garrota que acababa de cortar—: ¡Arriba, chiquito!

Terminó la subida por el lecho del torrente y pudieron descansar en un abrigadero de la montaña. Se divisaban desde allá extensiones sin límites, cordilleras lejanas como murallas azules, sierras desnudas de color de ocre y de color de rosa, montes apoyados unos en otros. El sol se había ocultado; algunos nubarrones violáceos avanzaban lentamente por el cielo azul.

—Tendrás que volver con nosotros, chiquito —dijo el guardia de los bigotes—; se barrunta la borrasca.

—Yo sigo adelante —dijo Juan.

—¿Tanta prisa tienes?

—Sí; no quiero volver atrás.

—Entonces no esperes; vete de prisa a ganar aquella quebrada. Pasándola, poco después hay un chozo, donde podrás guarecerte.

—Bueno. ¡Adiós!

—¡Adiós, chiquito!

Juan estaba cansado; pero se levantó y comenzó a subir la última estribación del monte por una escabrosa y agria cuesta.

—No hay que retroceder nunca —murmuró entre dientes.

Los nubarrones iban ocultando el cielo; el viento venía denso, húmedo, lleno de olor de tierra; en las laderas, las ráfagas de aire rizaban la hierba amarillenta; en las cumbres, apenas movían las copas de los árboles de hojas rojizas. Luego, las faldas de los montes se borraron envueltas en la niebla; el cielo se oscureció más; pasó una bandada de pájaros gritando.

Comenzaron a oírse a lo lejos los truenos; algunas gruesas gotas de agua sonaron entre el follaje; las hojas secas danzaron frenéticas de aquí para allá, corrían en pelotón por la hierba, saltaban por encima de las malezas, escalaban los troncos de los árboles, caían y volvían a rodar por los senderos...; de repente, un relámpago formidable desgarró con su luz el aire, y, al mismo tiempo, una catarata comenzó a caer de las nubes. El viento movió con rabia loca los árboles y pareció querer aplastarlos contra el suelo.

Juan llegó a la parte más alta del monte, un callejón entre paredes de roca. Las bocanadas de viento encajonado no le dejaban avanzar.

Los relámpagos se sucedían sin intervalos; el monte, continuamente lleno de luz, temblaba y palpitaba con el fragor de la tempestad y parecía que iba a hacerse pedazos.

—No hay que retroceder —se decía Juan a sí mismo.

La hermosura del espectáculo le admiraba en vez de darle terror; en las puntas de los hastiales de ambos lados de esquistos agudos caían los rayos como flechas.

Juan siguió a la luz de los relámpagos a lo largo de aquel desfiladero hasta encontrar la salida.

Al llegar aquí se detuvo a descansar un instante. El corazón le latía con violencia; apenas podía respirar.

Ya la tempestad huía; abajo, por la otra parte de la quebrada, se veía brillar el sol sobre la mancha verde de los pinares...; el agua, clara y espumosa, corría a buscar los torrentes; entre las masas negruzcas de las nubes aparecían jirones de cielo azul.

—Adelante siempre —murmuró Juan. Y siguió su camino.

PRIMERA PARTE

I

Un barrio sepulcral. — Divagaciones trascendentales. Electricidad y peluquería. — Tipos raros, buenas personas.

La casa estaba en una plazoleta sin nombre cruzada por la calle de Magallanes, cerca de unos antiguos y abandonados cementerios. Limitaban la plazoleta, por un lado, unas cuantas casas sórdidas que formaban una curva, y por el otro, un edificio amarillo, bajo, embutido en una larga tapia. Este edificio amarillo, con una bóveda pizarrosa y un tinglado de hierro con una campana, era, a juzgar por un letrero medio borrado, la parroquia de Nuestra Señora de los Dolores.

A derecha y a izquierda de esta iglesia seguía una tapia medio derruida; a la izquierda, la tapia era corta y tenía una puerta pequeña, por cuyas rendijas se veía un cementerio con los nichos vacíos y las arcadas ruinosas; a la derecha, en cambio, la pared, después de limitar la plazoleta, se torcía en ángulo obtuso, formando uno de los lados de la calle de Magallanes, para lo cual se unía a las verjas, paredones, casillas y cercas de varios cementerios escalonados unos con otros. Estos cementerios eran el general del

Norte, las Sacramentales de San Luis y San Ginés y la Patriarcal.

Al terminar los tapiales en el campo, desde su extremo se veían en un cerrillo las copas puntiagudas de los cipreses del cementerio de San Martín, que se destacaban rígidas en el horizonte.

Por lo dicho se comprende que pocas calles podrían presentar méritos tan altos tan preeminentes, para obtener los títulos de sepulcral y de fúnebre como Magallanes.

En Madrid, donde la calle profesional no existe, en donde todo anda mezclado y desnaturalizado, era una excepción honrosa la calle de Magallanes, por estar francamente especializada, por ser exclusivamente fúnebre, de una funebridad única e indivisible. Solamente podía parangonarse en especialización con ella alguna que otra callejuela de barrios bajos y la calle de la Justa, hoy de Ceres. Esta última, sobre todo, dedicada galantemente a la diosa de las labores agrícolas, con sus casuchas bajas, en donde hacían tertulia los soldados; esta calle, resto del antiguo burdel, poblada de mujeronas bravías, con la colilla en la boca, que se hablan de puerta a puerta, acarician a los niños, echan céntimos a los organilleros y se entusiasman y lloran oyendo cantar canciones tristes del presidio y de la madre muerta, podía sostener la comparación con aquélla, podía llamarse sin protesta alguna calle del Amor, como la de Magallanes podía reclamar con justicia el nombre de calle de la Muerte.

Otra cualidad un tanto paradójica unía a estas dos calles, y era que, así como la de Ceres, a fuerza de ser francamente amorosa, recordaba el sublimado corrosivo y, a la larga, la muerte; así la de Magallanes, por ser extraordinariamente fúnebre, parecía a veces jovial y no era raro ver en ella a algún obrero cargado de vino o alguna pareja de golfos sentados en el suelo recordando sus primeros amores.

La plazoleta innominada cruzada por la calle de Magallanes tenía una parte baja por donde corría ésta y otra a un nivel más alto que formaba como un raso delante de la parroquia. En este raso o meseta, con una cruz de piedra en medio, solían jugar los chicos novilleros de la vecindad.

Todas las casas de la plazoleta y de la calle de Magallanes eran viviendas pobres, la mayoría de piso bajo, con un patio grande y puertas numeradas; casi todas ellas eran nuevas, y en la línea entera únicamente había una casa aislada, una casita vieja, de un piso, pequeña y rojiza.

Tenía la tal casuca un tejado saliente y alabeado, una puerta de entrada en medio; a un lado de ésta, una barbería, y al otro, una ventana con una reja.

Algunas casas, como los hombres, tienen fisonomía propia, y aquélla la tenía; su fachada era algo así como el rostro de un viejo alegre y remozado; los balcones, con sus cortinillas blancas y sus macetas de geranios rojos y capuchinas verdes, debajo del alero torcido y prominente, parecían ojos vivarachos sombreados por el ala de un chambergo.

La portada de la barbería era azul, con un rótulo blanco que decía:

LA ANTISÉPTICA
PELUQUERÍA ARTÍSTICA

En los tableros de ambos lados de la tienda había pinturas alegóricas: en el de la izquierda se representaba la sangría por un brazo, del cual manaba un surtidor rojo que iba a parar con una exactitud matemática al fondo de una copa; en el otro tablero se veía una vasija repleta de cintas oscuras. Después de contemplar éstas durante algún tiempo, el observador se aventuraba a suponer si el artista habría tratado de representar un vivero de esos anélidos vulgarmente llamados sanguijuelas.

¡La sangría! ¡Las sanguijuelas! ¡A cuántas reflexiones medicoquirúrgicas no se prestaban estas elegantes alegorías!

Del otro lado de la puerta de entrada, en el cristal de la ventana con rejas, escrito con letras negras, se leía:

REBOLLEDO
MECÁNICO ELECTRICISTA
SE HACEN INSTALACIONES DE LUCES, TIMBRES,
MOTORES, DÍNAMOS
LA ENTRADA POR EL PORTAL

Y para que no hubiera lugar a dudas, una mano con ademán imperativo mostraba la puerta, oficiosidad un tanto inútil, porque no había más portal que aquél en la casa.

Los tres balcones del único piso, muy bajos, casi cuadrados, estaban atestados de flores. En el de en medio, la persiana verde antes de llegar al barandado se abombaba al pasar por encima de un listón saliente de madera; de este modo, la persiana no cubría completamente el balcón y dejaba al descubierto un letrero que decía:

BORDADORA
SE DAN LECCIONES

El zaguán de la casa era bastante ancho; en el fondo, una puerta daba a un corralillo; a un lado partía una recia escalera de pino, muy vieja, en donde resonaban fuertemente los pasos.

Eran poco transitados aquellos parajes; por la mañana pasaban carros con grandes piedras talladas en los solares de corte y volquetes cargados de escombros.

Después, la calle quedaba silenciosa, y en las horas del día no transitaba por ella más que gente aviesa y maleante.

Algún trapero sentado en los escalones de la gran cruz de piedra contemplaba filosóficamente sus harapos; algunas mujeres pasaban con la cesta al brazo, y algún cazador, con la escopeta al hombro, cruzaba por aquellos campos baldíos.

Al caer de la tarde, los chicos que salían de una escuela de párvulos llenaban la plaza; pasaban los obreros de vuelta del Tercer Depósito, en donde trabajaban, y ya al anochecer, cuando las luces rojas del Poniente se oscurecían y las estrellas comenzaban a brillar en el cielo, se oía melancólico y dulce el tañido de las esquilas de un rebaño de cabras...

Una tarde de abril, en el taller de Rebolledo, el mecánico electricista, Perico y Manuel charlaban.

—¿No salís hoy? —preguntó Perico.

—¿Quién sale con este tiempo? Va a llover otra vez.

—Sí, es verdad.

Manuel se acercó a mirar por la ventana. El cielo estaba nublado, el ambiente gris; el humo de una fábrica salía de la alta chimenea y envolvía la torre de ladrillo y la cúpula pizarrosa de una iglesia cercana. El lodo cubría el raso de la parroquia de los Dolores, y en la calle de Magallanes, el camino, roto por la lluvia y por las ruedas de los carros, tenía profundos surcos llenos de agua.

—¿Y la Salvadora? —preguntó Perico.

—Bien.

—¿Ya está mejor?

—Sí. No fue nada..., un vahído.

—Trabaja mucho.

—Sí; demasiado. Se lo digo; pero no me hace caso.

—Vais a haceros ricos pronto. Ganáis mucho y gastáis poco.

—¡Psch!... No sé.

—¡Bah!... Que no sabes...

—No. Que ésas deben de tener algún dinero guardado, sí; pero no sé cuánto..., para emprender algo; nada.

—¿Y qué emprenderías tú si tuvieras dinero?

—¡Hombre!... Tomaría una imprenta.

—¿Y qué le parece eso a la Salvadora?

—Bien; ella, como es tan decidida, cree que todo se puede conseguir con voluntad y con paciencia, y cuando le digo que hay alguna máquina que se vende, o algún local que se alquila, me hace ir a verlos... Pero todavía eso está muy lejos; quizá, tiempo adelante, podamos hacer algo.

Manuel volvió a mirar distraído por la ventana, mientras Perico le contemplaba con curiosidad. Comenzó a llover, cayeron gruesas gotas como perlas de acero que saltaron en el agua negra de los charcos; poco después, una ráfaga de viento arrastró las nubes y salió el sol; se aclaró el cuarto; al poco tiempo volvió a nublarse, y el taller de Perico Rebolledo quedó a oscuras.

Manuel seguía con la vista los cambios de forma del humo negrísimo espirado por la chimenea de la fábrica; unas veces subía a borbotones oblicuamente en el aire gris; otras era una humareda tenue que rebasaba los bordes del tubo como el agua en un surtidor sin fuerza y se derramaba por las paredes de la chimenea; otras subía como una columna recta al cielo, y cuando venía una ráfaga huracanada, el viento parecía arrancar violentamente pedazos de humo y escamotearlos en la extensión del espacio.

El cuarto en donde hablaban Perico y Manuel era el taller del electricista, un cuartito pequeño y bajo de techo como un camarote de barco. En la ventana, sobre el alféizar, había un cajón lleno de tierra en donde nacía una parra, que salía al exterior por un agujero de la madera. En medio del cuarto estaba la mesa de trabajo, y unido a ésta, un banco de carpintero con un tornillo de presión. A un lado de la ventana, en la pared, había un reloj de pesas de madera pintarrajeada, y al otro lado, una librería alta con unos cuantos tomos, y en el último estante, un busto de yeso que desde la altura en que se encontraba miraba con cierto olímpico desdén a todo el mundo. Había, además, en las paredes un cuadro para probar lamparillas eléctricas, dos o tres mapas, fajos de cordones flexibles, y en el fondo, un viejísimo y voluminoso armario desvencijado. Encima de este armatoste, entre llaves de metal y de porcelana, se advertía un aparato extraño, cuya aplicación práctica era difícil de comprender al primer golpe de vista, y quizá también al segundo.

Era un artificio mecánico movido por la electricidad, que Perico tuvo en el escaparate durante mucho tiempo como anuncio de su profesión. Un motor eléctrico movía una bomba, ésta sacaba el agua de una cubeta de cinc y la echaba a un depósito de cristal colocado en alto; de aquí, el agua pasaba por un canalillo y, después de mover una rueda, caía a la cubeta de cinc de donde había partido. Esta maniobra continua del aparato atraía continuamente un público de chiquillos y de vagos. Por último, Perico se cansó de exhibirlo, porque se colocaban los grupos delante de la ventana y le quitaban la luz.

—Sí, hombre —dijo Pedro, después de un largo rato de silencio—; debías establecerte cuanto antes y casarte.

—¡Casarme! ¿Con quién?

—¡Toma! ¿Con quién? Con la Salvadora. Tu hermana, el chiquillo, tú y ella... podéis vivir al pelo.

—Es que la Salvadora es una mujer muy rara, chico —dijo Manuel—. ¿Tú la entiendes? Pues yo, tampoco. Me tiene, creo yo, algún cariño porque soy de la casa, como al gato; pero en lo demás...

—¿Y tú?

—Hombre, yo no sé si la quiero o no.

—¿Aún te acuerdas de la otra?

—Al menos, aquélla me quería.

—Lo que no impidió que te dejara; la Salvadora te quiere.

—¡Qué sé yo!

—No digas. Si no hubiese sido por ella, ¿dónde estarías tú?

—Estaría hecho un golfo.

—Me parece.

—Si no lo dudo; pero el cariño no es como el agradecimiento.

—¿Y tú no tienes más que agradecimiento por ella?

—No lo sé, la verdad. Yo creo que por ella sería capaz de hacer cualquier cosa; pero me impone como si fuera una hermana mayor, casi como si fuera mi madre.

Manuel calló porque el padre del electricista, Rebolledo el jorobado, y un amigo suyo entraron en el taller.

Eran los recién venidos un par de tipos extravagantes; llevaba Rebolledo padre un sombrero hongo de color café con leche con una gran gasa negra, una chaqueta casi morada, unos pantalones casi amarillentos, del color de la bandera de la peste, y un bastón con caña con puño de cuerno.

El amigo era un viejecillo con aire de zorro, de ojos chiquitos y brillantes, nariz violácea surcada por rayas venosas y bigote corto y canoso. Iba endomingado. Vestía una chaqueta de un paño duro como piedra, un pantalón de pana, un bastón hecho con cartas con una bola de puño, y en el chaleco, una cadena de reloj adornada con dijes. Este hombre se llamaba Canuto, el señor Canuto, y vivía en una de las casas anejas al cementerio de la Patriarcal.

—¿No está tu hermana? —preguntó Rebolledo el barbero a Manuel.

—No; ya ve usted.

—Pero bajará.

—Creo que sí.

—La voy a llamar.

El jorobado salió al portal y gritó varias veces:

—¡*Señá* Ignacia! ¡*Señá* Ignacia!

—Ya vamos —contestaron de arriba.

—¿Tú querrás jugar? —preguntó el barbero a Manuel.

—Hombre..., la verdad; no me distrae.

—¿Y tú? —añadió, dirigiéndose a su hijo.

—No, padre, no.

—Bueno; como quieras.

—A éstos no les gustan las diversiones manuales —dijo, muy serio, el señor Canuto.

—¡Psch! Si no somos más que tres, jugaremos al tute arrastrado —murmuró el barbero.

Se presentó Ignacia en el cuarto, una mujer de treinta a cuarenta años, muy esmirriada, y poco después entró la Salvadora.

—¿Y Enrique? —le dijo Manuel.

—En el patio de al lado, jugando...

—¿Quieres echar una partida? —preguntó Rebolledo a la muchacha.

—Bueno.

—Entonces somos dos contra dos.

—Ya la han pescado a usted —dijo Perico a la Salvadora—; la compadezco.

—Tú cállate —exclamó el barbero—; estos muchachos son unos sosos. Anda, siéntate aquí, Salvadora. Les vamos a ganar; ya verás..., y eso que son dos marrajos. Corte *usté, señá* Ignacia..., Vamos allá.

Los dos hombres y la Ignacia jugaban con gran atención; la Salvadora se distraía, pero ganaba.

Mientras tanto, Perico y Manuel hablaban cerca de la ventana. Sonaba en la calle el gotear de la lluvia, densa y ruidosa. Perico explicaba las cosas que tenía en estudio, entre las cuales había una que se figuraba haber ya resuelto, y que era la simplificación de los arcos voltarios; pensaba pedir una patente para explotar su invento.

Hablaba el electricista con Manuel, pero no dejaba de contemplar a la Salvadora con una mirada humilde, llena de entusiasmo. En esto apareció en el cristal de la ventana una cabeza que estuvo largo rato mirando hacia adentro.

—¿Quién es ese fisgón? —preguntó Rebolledo.

Manuel se asomó a la ventana. Era un joven vestido de negro, delgado, con un sombrero puntiagudo en la cabeza y el pelo largo. El joven retrocedió hasta el medio de la calle para mirar la casa.

—Parece que anda buscando algo —dijo Manuel.

—¿Quién es? —preguntó la Salvadora.

—Un tipo raro con melena que anda por ahí mojándose —contestó Perico.

La Salvadora se levantó para verle.

—Será algún pintor —dijo.

—Mal tiempo ha escogido para pintar —repuso el señor Canuto.

El joven, después de mirar y remirar la casa, se decidió a meterse en el portal.

—Vamos a ver lo que quiere —murmuró Manuel,

y, abriendo la puerta del cuarto, salió al zaguán, en donde estaba el joven de las melenas, seguido de un perro negro de lanas finas y largas.

—¿Vive aquí Manuel Alcázar? —preguntó el joven de las melenas con ligero acento extranjero.

—¡Manuel Alcázar! ¡Soy yo!

—¿Tú?... Es verdad... ¿No me conoces? Soy Juan.

—¿Qué Juan?

—Juan..., tu hermano.

—¿Tú eres Juan? ¿Pero de dónde vienes? ¿De dónde has salido?

—Vengo de París, chico; pero déjame que te vea —y Juan llevó a Manuel hasta la calle—. Sí, ahora te reconozco —le dijo, y le abrazó, echándole los brazos al cuello—; pero ¡cómo has variado!, ¡qué distinto estás!

—Tú, en cambio, estás igual y hace ya quince años que no nos hemos visto.

—¿Y las hermanas?

Manuel, azarado con la llegada imprevista de su hermano, le acompañó hasta el piso principal.

Rebolledo, el señor Canuto y los demás, desde la puerta del taller, presenciaron la entrevista con el mayor asombro.

II

La vida de Manuel. — Las tertulias del Enano.
El señor Canuto y su fraseología

Manuel había llegado a encarrilarse, a reglamentar su trabajo y su vida. El primer año, la amistad de Jesús le arrastró en algunas ocasiones. Luego dejaron de vivir juntos. La *Fea* se casó con el *Aristón*, y la Ignacia, la hermana de Manuel, se quedó viuda. La Ignacia no tenía medios de ganarse la vida; lo único que sabía era lamentarse, y con sus lamentaciones convenció a su hermano de que viviera con ella.

La Salvadora se fue con la *Fea*, a la que consideraba como su hermana; pero a los pocos días salió de la casa, porque Jesús no la dejaba ni a sol ni a sombra, empeñado en convencerla de que tenía que amontonarse con él. Entonces, la Salvadora fue a vivir con Manuel y con la Ignacia.

Pactaron que ella daría una parte a la Ignacia para la comida de su hermano y la suya. Buscaron casa y la encontraron en la calle de Magallanes, que, además de ser barata, estaba cerca del taller donde trabajaba Manuel.

Al poco tiempo ya no se hicieron cuentas aparte.

La Salvadora fue la depositaria del dinero, y la Ignacia la que llevaba el peso de la casa y hacía la comida, mientras lanzaba quejas contra el destino adverso.

Con el objeto de librarse de la explotación de los camiseros, la Salvadora y la *Fea* habían puesto entre las dos una tienda de confecciones de ropas para niños en la calle del Pez. La Salvadora iba todas las mañanas a la tiendecilla, y por la tarde trabajaba en casa. Luego se le ocurrió que podría aprovechar estas horas dando lecciones de bordado y no se descuidó; puso su muestra en el balcón, y al cabo de los cuatro o cinco meses iban por la tarde cerca de veinte chiquillas con sus bastidores a aprender a bordar.

Este trabajo de día en el taller, por la tarde en la escuela y de noche en casa y la falta de sueño tenían a la muchacha flaca y con grandes ojeras. No recordaba lo que había sido de niña; su carácter se había dulcificado de tal manera, que estaba desconocida; lo único que persistía en ella era su afición al trabajo. A los veinte años, la Salvadora era una muchacha alta, esbelta, con cintura que hubiese podido rodear una liga y la cabeza pequeña.

Tenía la nariz corta, los ojos oscuros, grandes; el perfil y la barbilla algo saliente, lo que le daba un aspecto de dominio y de tesón. Se peinaba dejándose un bucle que le llegaba hasta las cejas y le ocultaba la frente, y esto contribuía a darle un aire más imperioso.

Por la calle llevaba siempre un ceño de mal humor, pero cuando hablaba y sonreía variaba por encanto.

Su expresión era una mezcla de bondad, de amargura y de timidez que despertaba una profunda simpatía; su risa le iluminaba el rostro; pero, a veces, sus labios se contraían de una manera tan sarcástica, tan punzante, que su sonrisa entonces parecía penetrar como la hoja de un cuchillo.

Aquella cara tan expresiva, en donde se transparentaba unas veces la ironía y la gracia, otras como un sufrimiento lánguido, contenido, producía a la larga un deseo vehemente de saber qué pasaba dentro de aquella cabeza voluntariosa. La Salvadora, como casi todas las mujeres enérgicas y algo románticas, era entusiasta de los animales; con ella, la casa, al cabo de algún tiempo, parecía un arca de Noé. Había gallinas, palomas, unos cuantos conejos en el corral, dos canarios, un verderón y un gatito rojo que se llamaba *Roch.*

Algunas veces, Manuel, cuando salía pronto de la imprenta, bajaba por la calle Ancha y esperaba a la Salvadora. Pasaban las modistas en grupos, hablando, bromeando, casi todas muy peripuestas y bien peinadas; la mayoría, finas, delgaditas, la cara indicando la anemia, los ojos maliciosos, oscuros, verdes, grises; unas con mantilla, otras de mantón y sin nada en la cabeza. En medio de algún grupo de éstos solía aparecer la Salvadora, en invierno de mantón, en verano con su traje claro, la mantilla recogida y las tijeras que le colgaban del cuello. Se destacaba del grupo de sus amigas y se acercaba a Manuel, y los dos juntos marchaban calle arriba hablando de cosas indiferentes, algunas veces sin cambiar una palabra.

A Manuel le halagaba que supusieran que la Salvadora era su novia, y constituía para él un motivo de orgullo verla acercarse y ponerse a su lado y notar las miradas maliciosas de las amigas.

A los dos años de estar Manuel instalado en la calle de Magallanes, los Rebolledo alquilaron el piso bajo de la casa. El jorobado fue quien arregló la barbería y el taller de su hijo. Se encontraron los dos en auge; el barbero se había transformado en peluquero, y su barbería antiséptica de la tapia del Rastro se llamaba en la calle de Magallanes «La Antiséptica, peluquería artística». Perico Rebolledo estaba hecho un hombre. Después de pasar tres años con un ingeniero electricista, había aprendido tal número de cosas, que Rebolledo padre no se atrevía ya a discutir con él para no demostrar ignorancia.

El jorobado experimentaba una mezcla de orgullo y de envidia; sólo discutiendo con su hijo sentía más la envidia que otra cosa; pero en presencia de extraños, los elogios que se hacían de Perico le llenaban de orgullo y de júbilo.

Siempre que podía, el jorobado dejaba su barbería en manos de un mancebo chato como un rodaballo, con menos frente que un chimpancé, con los pelos pegados y llenos de cosmético, y entraba en el taller.

—¡Si uno no tuviera que estar rapando barbas! —murmuraba melancólicamente.

Cuando cerraba la barbería era cuando el hombre se encontraba a sus anchas. Miraba y remiraba lo que hacía Perico y encontraba defectos en todo. Como no había llegado a comprender, por falta de nociones de matemáticas, la manera de resolver problemas en el papel, se refugiaba para demostrar su superioridad en los detalles, en las cosas que exigían habilidad y paciencia.

—Pero, chico, esto no está bien limado. Trae esa lima, hombre; no sabéis hacer nada.

Perico le dejaba hacer.

El jorobado había encontrado la manera de que el contador de la luz eléctrica marcara al revés o no marcara y hacía un gasto de fluido tremendo.

Muchas veces, la Ignacia, la Salvadora y Manuel, después de acostar al chico, bajaban al taller. Manuel hablaba de la imprenta y de las luchas de los obreros; la Salvadora, de su taller y de las chicas de su escuela; Perico explicaba sus proyectos, y el jorobado jugaba al tute con la Ignacia o dejaba volar su imaginación.

En el invierno crudo, unos días el jorobado y otros la Ignacia, llenaban un brasero de cisco, y alrededor solían pasar la velada.

Algunas noches se oía en la ventana un golpecito suave, salía la Ignacia a abrir, se oían pasos en el portal y entraba el señor Canuto envuelto en su parda capa, con la gorra de pelo hasta las orejas y una pipa corta entre los dientes.

—¡Frescos, frescos! —decía, frotándose las manos—. Buenas noches a todos.

—Hola, señor Canuto —contestaban los demás.

—Siéntese usted —le indicaba el jorobado.

Se sentaba el hombre y terciaba en el juego.

Luego había una pregunta, que todas las noches se la hacían maliciosamente:

—Y de historias, ¿qué hay, señor Canuto?

—Nada, murmuraciones, nada —replicaba él—. Cuchichí, cuchichá..., cuchichear.

Sonreían los circunstantes, y a veces la Salvadora no podía contener la carcajada.

El señor Canuto, el veterinario, era un tipo raro, un tanto misántropo, que vivía en una casilla del cementerio de la Patriarcal.

Había sido anarquista militante y murguista; pero hacía ya mucho tiempo que no practicaba ni una cosa ni otra. Este hombre no leía libros, ni periódicos, ni nada y, a pesar de esto, sabía muchas cosas; había llegado a formar en su cabeza una verdadera enciclopedia de conocimientos caseros, y como tenía un ingenio recatado y sagaz, todo lo que oía lo guardaba en su memoria; después discurría acerca de las cosas oídas, las estudiaba desde todos sus puntos de vista y sacaba sus consecuencias; así es que encontraba en sus paseos solitarios soluciones para todos los problemas humanos, aun los más trascendentales y abstrusos. Su individualismo era tan feroz, que hasta el lenguaje lo había transformado para uso particular.

Cuando murmuraba por lo bajo:

—¡Teorías, alegorías, chapucerías! —era que lo que contaban le parecía era una cosa desdichada y absurda.

En cambio, cuando aseguraba:

—Eso reúne..., pero que reúne mucho —era que estaba satisfecho.

Ahora, cuando llegaba a decir:

—Na, que ese gachó ha echado el sello y que va *coayugando* —era que para él no se podía hacer mejor una cosa.

Además de trastornar la significación y el sentido de las palabras para hacerlas más incomprensibles, las cortaba. Así, el depen era el dependiente; el coci, el cocido; la galli, la gallina, y no se contentaba con esto, sino que muchas veces daba a las palabras una terminación cualquiera, y decía: el depen...dista, la galli... menta, el coci... mento y el burg... ante en vez del burgués.

El señor Canuto era amigo íntimo de Rebolledo. El uno decía del otro:

—Es de los pocos hombres de inteligencia que hay en España.

En general, estas tertulias se suspendían el verano para tomar el fresco.

Algunas noches de julio y agosto iban al *boulevard* de la calle de Carranza, y allí refrescaban con horchata o limón helado, y para las once u once y media estaban en casa.

Verano e invierno, la vida de las dos familias transcurría tranquilamente, sin disputas, sin grandes satisfacciones; pero también sin grandes dolores.

III

Los dos hermanos. — Juan charla. — Recuerdos de hambre y de bohemia.

Manuel subió la escalera con su hermano, abrió la casa y pasaron al comedor. Manuel estaba completamente azarado; la llegada de Juan le perturbaba por completo. ¿A qué vendría?

—Tienes una bonita casa —dijo Juan, contemplando el cuartito limpio con la mesa redonda en medio y el aparador lleno de botellas.

—Sí.

—¿Y la hermana?

—Ahora vendrá. No sé qué hace. ¡Ignacia! —llamó desde la puerta.

Entró la Ignacia, que recibió a su hermano más sorprendida que satisfecha. Tenía la mujer ya su vida formada y reglamentada, y su egoísmo se sentía inquieto ante un nuevo factor que podía perturbarla.

—¿Y este perro, de dónde ha venido? —preguntó alborotada la mujer.

—Es mío —dijo Juan.

Al entrar la Salvadora, Juan no pudo evitar un movimiento de sorpresa.

—Es una amiga que vive con nosotros como una hermana —murmuró Manuel.

Al decir esto, Manuel se turbó un poco, y la turbación se comunicó a la Salvadora; Juan saludó, y se inició entre los cuatro una conversación lánguida. De pronto entró gritando el hermano de la Salvadora en el comedor; Juan le acarició; pero no preguntó quién era; el chico se puso a jugar con el perro. La discreción de Juan, al no decir nada, les azaró aún más; las mejillas de la Salvadora enrojecieron, como si fueran a echar sangre, y balbuceando un pretexto, salió del cuarto.

—¿Y qué has hecho? ¿Qué ha sido de tu vida? —preguntó maquinalmente Manuel.

Juan contó cómo había salido del seminario; pero el otro no le oía, preocupado por la turbación de la Salvadora.

Luego Juan habló de su vida en París, una vida de obrero, haciendo chucherías, *bibelots* y sortijas, mientras estudiaba en el Louvre y en el Luxemburgo y trabajaba en su casa con entusiasmo.

Mezcló en sus recuerdos sus impresiones artísticas, y habló de Rodin y de Meunier, con un fuego que contrastaba con la frialdad con que era escuchado por la Ignacia y Manuel; después expuso sus ideas artísticas: quería producir ese arte nuevo, exuberante, lleno de vida, que ha modernizado la escultura en las manos de un genio francés y de un gran artista belga; quería emancipar el arte de la fórmula clásica, severa y majestuosa de la antigüedad, quería calentarlo con la pasión, soñaba con hacer un arte social para las masas, un arte fecundo para todos, no una cosa mezquina para unos pocos.

En su entusiasmo, Juan no comprendía que hablaba a sus hermanos en un lenguaje desconocido para ellos.

—¿Tienes ya casa? —le preguntó Manuel en un momento en que Juan dejó de hablar.

—Sí.

—¿No quieres cenar con nosotros?

—No; hoy, no; mañana. ¿Qué hora es?

—Las seis.

—¡Ah! Entonces me tengo que marchar.

—Y, oye, ¿cómo has llegado a encontrarme?

—Por una casualidad; hablando con un escultor compañero mío que se llama Alex.

—Sí, le conozco. ¿Y cómo sabía dónde vivía yo?

—No, ése no lo sabía; ése me dirigió a un inglés que se llama Roberto, y éste sabía dónde estabas de cajista. Por cierto, me encargó que fueras a verle.

—¿En dónde vive?

—En el Hotel de París.

—Pues iré a verle. ¡Qué! ¿Te vas ya?

—Sí, mañana vendré.

Se fue Juan, y la Ignacia, la Salvadora y Manuel hicieron largos comentarios acerca de él. La Ignacia era la que más escamada estaba con la llegada; suponía si trataría de vivir a su costa; la Salvadora lo encontraba simpático; Manuel no decía nada.

«La verdad es que viene hecho un tipo raro —pensó—; en fin, ya veremos qué le trae por aquí.»

Al día siguiente, al llegar Manuel a casa, se encontró con su hermano, que charlaba en el comedor con la Ignacia y la Salvadora.

—¡Hola! ¿Te quedas a cenar?

—Sí.

—A ver si ponéis alguna cosa más —dijo Manuel a la Ignacia—. Éste estará acostumbrado a comer bien.

—¡Quia!

Manuel notó que en poco tiempo Juan había logrado hacerse agradable a las dos mujeres; el hermano de la Salvadora hablaba con él como si le hubiese conocido toda su vida.

Encendieron la luz, pusieron la mesa y se sentaron a cenar.

—¡Qué agradable es este cuarto! —dijo Juan—. Se ve que vivís bien.

—Sí —contestó Manuel con cierta indiferencia—, no estamos mal.

—Éste —replicó Ignacia— nunca te dirá que está bien. Todo lo de fuera de casa le parece mejor. ¡Ay Dios bendito! ¡Qué mundo tan desengañado!

—¡Qué desengaño ni qué nada! —replicó Manuel—. Yo no he dicho eso.

—Lo dices a cada paso —añadió la Salvadora.

—Bueno. ¡Qué opinión tienen de uno las mujeres! Aprende aquí, Juan. No vivas nunca con ninguna mujer.

—Con ninguna mujer decente, quiere decir —interrumpió la Salvadora con amable ironía—; si es con una golfa, sí. Ésas tienen muy buen corazón, según dice éste.

—Y es verdad —repuso Manuel.

—Ya se desengañará —exclamó la Ignacia.

—No le haga usted caso —murmuró la Salvadora—; habla por hablar.

Manuel se echó a reír de tan buena gana, que los demás rieron con él.

—Tengo que hacer un busto de usted —dijo de pronto el escultor a la Salvadora.

—¿De mí?

—Sí, la cara solamente; no se alarme usted. Cuando tenga usted tiempo de sobra, lo empezaremos. Si lo concluyera en este mes, lo llevaría a la Exposición.

—Pues qué, ¿tiene mi cara algo de particular?

—Nada —dijo Manuel burlonamente.

—Ya, ya lo sé.

—Sí tiene de particular, sí, mucho. Ahora que será muy difícil coger la expresión.

—Sí que será difícil, sí —dijo Manuel.

—¿Por qué? —preguntó la Salvadora, algo ruborizada.

—Porque tienes una cara especial. No eres como nosotros, por ejemplo, que siempre somos guapos, elegantes, distinguidos...; tú, no; un día estás fea y desencajada y flaca, y otro día de buen color, y casi hasta guapa.

—¡Qué tonto eres, hijo!

—¿Será muy nerviosa? —preguntó Juan.

—No —replicó la Ignacia—; es que trabaja como una burra, y así se va a poner mala; ya lo ha dicho el señor Canuto. Una enfermedad viene con cualquier cosa...

—¡Vaya una autoridad! —dijo, riéndose, la Salvadora—. ¡Un veterinario! A ése le debía usted hacer el retrato. Ese sí que tiene la cara rara.

—No, no me interesan los veterinarios. Pero de veras, ¿no tiene usted al día una hora libre para servirme de modelo?

—Sí —dijo Manuel—; ¡ya lo creo!

—¿Y hay que estarse quieta, quieta? Porque no lo voy a aguantar.

—No, podrá usted hablar, y descansará usted cuando quiera.

—¿Y de qué va usted a hacer el retrato?

—Primero, de barro, y luego lo sacaré en yeso o en mármol.

—Nada, mañana se empieza —djo Manuel—. Está dicho.

Estaban en el postre cuando llamaron a la puerta, y entraron en el comedor los dos Rebolledo y el señor Canuto. Manuel los presentó a Juan, y mientras tomaban café, charlaron. Juan, a instancia del barbero, contó las novedades que había visto en París, en Bruselas y en Londres.

Perico le hizo algunas preguntas relacionadas con cuestiones de electricidad; Rebolledo el padre y el señor Canuto escuchaban atentos, tratando de grabar bien en la memoria lo que oían.

—Sí, en esos pueblos se debe poder vivir —dijo el señor Canuto.

—Cuesta trabajo llegar —contestó Juan—; pero el que tiene talento sube. Allí la sociedad no desperdicia la inteligencia de nadie; hay mucha escuela libre...

—Ahí está. Eso es lo que no se hace aquí —dijo Rebolledo—. Yo creo que si hubiera tenido sitio donde aprender, hubiera llegado a ser un buen mecánico, como el señor Canuto hubiera sido un buen médico.

—Yo, no —dijo el viejo.

—Usted, sí.

—Hombre, hace algún tiempo, quizá. Cuando vine aquí y puse mi máquina en movimiento, no sé si por la primera expansión de los gases, fui encaramándome, encaramándome poco a poco, eso es; pero luego vino el desplome. Y yo no sé si ahora mi cerebro se ha convertido en un caracol o en un cangrejo, porque voy en mi vida reculando y reculando. Eso es.

Este extraño discurso fue acompañado de ademanes igualmente extraños, y no dejó de producir cierta estupefacción en Juan.

—Pero ¿por qué no habla usted como todo el mundo, señor Canuto? —le preguntó, burlonamente, la Salvadora por lo bajo.

—Si tuviera veinte —y el viejo guiñó un ojo con malicia—, ya te gustaría mi parafraseo, ya. Te conozco, Salvadorita. Ya sabes lo que yo digo. Cuchichí, cuchichá..., cuchichear.

Se echaron todos a reír.

—¿Y cómo llegó usted a París? —preguntó Perico—. En seguida que se escapó usted del seminario, ¿fue usted allá?

—No, ¡quia! Pasé las de Caín antes.

—Cuenta, cuenta, ésa —dijo Manuel.

—Pues nada. Anduve cerca de un mes de pueblo en pueblo, hasta que en Tarazona entré a formar parte de una compañía de cómicos de la legua, constituida por los individuos de una sola familia. El director y primer actor se llamaba don Teófilo García; su hermano, el galán joven, Maximiano García, y el padre de los dos, que era el barba, don Símaco García. Allí todos eran García. Era esta familia la más ordenada, económica y burguesa que uno puede imaginarse. La característica, doña Celsa, que era la mujer de don Símaco, repasaba los papeles mientras guisaba; Teófilo tenía una comisión de corbatas y de botones; don Símaco vendía libros; Maximiano ganaba algunas pesetas jugando al billar, y las muchachas, que eran cuatro, Teodolinda, Berenguela, Mencía y Sol, las cuatro a cual más fea, se dedicaban a hacer encaje de bolillos. Yo entré como apuntador, y recorrimos muchos pueblos de Aragón y de Cataluña. Una noche, en Reus, habíamos hecho *La cruz del matrimonio*, y al terminar la función fuimos Maximiano y yo al Casino. Mientras él jugaba, a mi lado vi a un chico que estaba haciendo un retrato, al lápiz, de un señor. Me puse yo también a hacer lo mismo en la parte de atrás de un prospecto.

»Al terminar él su retrato, se lo entregó al señor, quien le dio un duro; después se acercó donde yo estaba y miró el dibujo mío. «Está bien eso», dijo. «¿Has aprendido a dibujar?» «No.» «Pues lo haces bien. ¡Ya lo creo!» Hablamos; me dijo que andaba a pie por los pueblos haciendo retratos, y que se marchaba a Barcelona. Yo le conté mi vida, nos hicimos amigos y, al final de la conversación, me dice: «¿Por qué no vienes conmigo?» Nada; dejé los cómicos, y me fui con él.

»Era un tipo extraño este muchacho. Se había hecho vagabundo por inclinación, y le gustaba vivir siempre andando. Llevaba en la espalda un morralito, y dentro una sartén. Compraba sus provisiones en los pueblos, y él mismo hacía fuego y guisaba.

»Pasamos de todo, bueno y malo, durmiendo al raso y en los pajares; en algunos pueblos, porque llevábamos el pelo largo, nos quisieron pegar; en otros marchamos muy bien. A mitad del camino, o cosa así, en un pueblo donde llegamos muertos de hambre, nos encontramos con un señor de grandes melenas y traje bastante derrotado, con un violín debajo del brazo. Era italiano. «¿Son ustedes artistas?», nos dijo. «Sí», contestó mi compañero. «¿Pintores?» «Sí, señor, pintores.» «¡Oh, magnífico! Me han salvado ustedes la vida. Tengo comprometida la restauración de dos cuadros de la iglesia en cincuenta duros cada uno, y yo no sé pintar; les estoy entreteniendo al cura y al alcalde, diciendo que necesito pinturas especiales traídas de París. Si quieren ustedes emprender la obra nos repartiremos las ganancias.»

»Aceptamos el negocio, y mi compañero y yo nos instalamos en una posada. Comenzamos la obra y, mal que bien, hicimos la restauración de uno de los cuadros y gustó al pueblo. Cobramos nuestros cincuenta duros; pero, al repartir el dinero, hubo una disputa entre mi amigo y el italiano, porque éste quería la mitad y mi amigo no le dio ni la tercera parte. El italiano pareció conformarse; pero al día siguiente, por lo que nos enteramos después, fue a ver al alcalde y le dijo: «Necesito ir a Barcelona para comprar pinturas, y quisiera que me adelantaran dinero». El alcalde le creyó, y le dio los cincuenta duros de la otra restauración por anticipado.

»No le vimos al italiano en todo el día, y por la noche vamos a la tertulia, que la hacíamos en la botica del pueblo, y allí nos dice el alcalde: «De modo que el italiano ha tenido que ir a Barcelona, ¿eh?» Yo iba a decir que no; pero mi amigo me dio con el pie y me callé. Al salir de la botica, el compañero me dijo: «El italiano se ha llevado los cuartos; no hemos podido pagar la posada. Si nos quedamos aquí, nos rompen algo; vámonos ahora mismo».

»Echamos a andar y no paramos en dos días. Una semana después llegamos a Barcelona, y como no encontramos trabajo, nos pasamos todo un verano comiendo dos panecillos al día y durmiendo en los bancos. Por fin salió un encargo: un retrato que hice yo, por el que me pagaron cincuenta pesetas. Poco dinero se habrá aprovechado tan bien. Con estos diez duros, alquilamos una buhardilla por treinta reales al mes, compramos dos colchones usados, un par de botas para cada uno, y todavía nos sobró dinero para un puchero, carbón y un saco de patatas, que llevamos al hombro entre los dos, desde el mercado hasta la buhardilla.

»Un año pasamos así, dejando mucho días de comer y estudiando; pero mi compañero no podía soportar el estar siempre en el mismo sitio, y se marchó. Me quedé solo; al cabo de algún tiempo me empezaron a comprar dibujos y empecé a modelar. Cogía mi barro, y allí, dale que dale, me estaba hasta que salía algo. Presenté unas estatuillas en la Exposición y las vendí, y, cosa curiosa: el primer encargo de alguna importancia que tuve fue para un seminario: varios bustos de unos profesores. Cobré, y me fui a París. Allí, al principio, estuve mal; vivía en una buhardilla alta, y cuando llovía mucho, el agua se metía en el cuarto; luego encontré trabajo en una joyería, y estuve haciendo modelos de sortijas, y al mismo tiempo aprendiendo. Llegó la época del Salón, presenté mi grupo *Los rebeldes*, se ocuparon algo de mí los periódicos de París, y ahora ya tengo encargos suficientes para poder vivir con holgura. Ésta ha sido mi vida.

—Pues es usted un hombre —dijo el señor Canuto, levantándose—, y, verdaderamente, me honro dándole a usted la mano. Eso es.

—Templado es el chico —dijo Rebolledo.

Eran ya cerca de las once, y hora de retirarse.

—¿Vienes a dar una vuelta? —dijo Juan a su hermano.

—No. Manuel no sale de noche —repuso la Ignacia.

—Como se tiene que levantar temprano... —añadió la Salvadora.

—¿Ves? —exclamó Manuel—. Ésta es la tiranía de las mujeres. Y todo, ¿por qué? Por el jornal nada más; no creas que es de miedo a que me dé un aire. Por el jornalito.

—¿A qué hora vendré a empezar el busto? —preguntó Juan.

—¿A las cinco?

—Bueno; a las cinco estaré aquí.

Salieron de casa los Rebolledo, el señor Canuto y Juan, y en la puerta se despidieron.

IV

El busto de la Salvadora. — Las impresiones de «Kis». Malas noticias. — La violeta. — No todo es triste en la vida.

El busto de la Salvadora, hecho por Juan, fue, durante un mes, el acontecimiento de la casa. Todos los días variaba el retrato; unas veces era la Salvadora melancólica; otras, alegre; tan pronto imperiosa como lánguida; con la mirada abatida, como con los ojos fijos y relampagueantes.

Había entre los críticos de la casa disparidad de pareceres.

—Ahora está bien —decía el señor Canuto.

—No; ayer estaba mejor —replicaba Rebolledo.

Todas las tardes Juan trabajaba sin descansar un momento, mientras la Salvadora, con su gatillo rojo en la falda, cosía. El perro de Juan también se había ganado la amistad de la Salvadora, y se arrimaba a ella y se acurrucaba a sus pies.

—Este perro está entusiasmado con usted —le dijo Juan.

—Sí. Es muy bonito.

—Quédese usted con él.

—No, no.

—¿Por qué no? Yo no le puedo llevar siempre conmigo, y le tengo que dejar encerrado en casa. Aquí viviría mejor.

—Bueno, pues que se quede. ¿Cómo se llama?

—*Kis.*

—¿*Kis?*

—En inglés quiere decir beso.

—¿Es inglés el perro?

—Debe de ser; me lo regaló una inglesa; una jorobadita pintora a quien conocí en el Louvre.

—Si es un recuerdo, no quiero que lo deje usted.

—No; está mejor con usted.

Kis se quedó en la casa, con gran satisfacción de Enrique, el hermano de la Salvadora. Las impresiones que experimentó aquel can inglés en su nueva morada se desconocen.

Sólo se sabe que le asombró bastante la conducta de *Roch*, el gatillo rojo, que parecía un conejo, y que tenía las patas de atrás mucho más largas que las de delante.

Kis le invitó varias veces con ladridos alegres a jugar con él, y *Roch*, que era, sin duda, un ser insociable y algo hipocondríaco, se puso a bufar, y luego, corriendo saltó a la falda de la Salvadora donde parecía haber hecho su nido, y allí se quedó haciendo runrún.

Este *Roch*, con su facha de conejo, era un ser extravagante e incomprensible. Cuando la Salvadora cosía a la máquina, se ponía a su lado y le gustaba mirar de cerca la luz eléctrica, hasta que, aturdido, cerraba los ojos y se dormía.

En vista de la insociabilidad de *Roch*, *Kis* hizo nuevas exploraciones en la casa; conoció a Rebolledo y a su hijo, que le parecieron personas respetables; en el corral observó a las gallinas y al gallo, y no le inspiraron bastante confianza para proponerles un juego. Las palomas, con sus arrullos monótonos, le parecieron completamente estúpidas, y los pájaros no le dieron la impresión de cosas vivas.

Hizo conocimiento en el patio con unos gatillos blancos, que tomaban el sol y echaban a correr cuando le veían, y con un burro, un tanto melancólico y no muy fino en sus maneras, a quien llamaban *Galán*.

Pero de todos los personajes que conoció en aquella extraña casa, ninguno le asombró tanto como un galápago, que le miraba con sus ojillos redondos, parpadeando.

Luego *Kis* ingresó en una partida de perros vagabundos que andaban por la calle de Magallanes y merodeaban por los alrededores, y, como no tenía preocupaciones, a pesar de ser de aristocrática familia, fraternizó al momento con ellos.

Una tarde, la Salvadora y Juan hablaban de Manuel.

—Creo que ha andado en algunas épocas hecho un golfo, ¿eh? —preguntó Juan, mientras modelaba en barro con los dedos.

—Sí; pero ahora está muy bien; no sale de casa nunca.

—Yo, el primer día que vine, me figuré que estaban ustedes casados.

—Pues no —replicó la Salvadora, ruborizada.

—Pero acabarán ustedes casándose.

—No sé.

—Sí, ya lo creo; Manuel no podría vivir sin usted. Está muy cambiado y muy pacífico. De chico, era muy valiente; tenía verdadera audacia, y yo le admiraba. Recuerdo que en la escuela vino un día uno de los mayores con una mariposa tan grande, que parecía un pájaro, clavada con un alfiler. «Quítale ese alfiler», le dijo Manuel. «¿Por qué?» «Porque le estás haciendo daño.» Me chocó la contestación; pero me chocó más todavía cuando Manuel fue a la ventana, la abrió y cogió la mariposa, le sacó el alfiler y la tiró a la calle. El chico se puso tan furioso, que desafió a Manuel, y a la salida se dieron los dos una paliza que tuvieron que separarlos a patadas, porque ya hasta se mordían.

—Sí, Manuel tiene esas cosas...

—En casa de mi tío solíamos jugar él y yo con un primo nuestro, que tendría entonces uno o dos años. Era un chico enfermo con las piernas débiles, muy pálido, muy bonito, de mirada muy triste. A Manuel se le ocurrió hacerle un coche, y dentro de un banco viejo de madera, puesto del revés, con el asiento en el suelo, y tirando nosotros con unas cuerdas, lo llevábamos al chico de un lado a otro.

—¿Y qué fue de aquel chico?

—Murió el pobrecillo.

Mientras hablaban, Juan seguía trabajando. Al oscurecer, clavó los palillos en el barro y cubrió el busto con una tela mojada.

Llegó Manuel de la imprenta.

—Hemos estado hablando de cosas antiguas —le dijo Juan.

—¿Para qué recordar lo pasado? ¿Qué has hecho hoy?

Juan descubrió el busto. Manuel encendió la luz y quedó contemplando la estatua.

—Chico —murmuró—, ya no la debes tocar. Es la Salvadora.

—¿Crees tú? —preguntó Juan preocupado.

—Sí.

—En fin, mañana lo veremos.

Efectivamente; después de muchos ensayos, el escultor había encontrado la expresión. Era una cara sonriente y melancólica, que parecía reír mirada de un punto y estar triste mirada de otro, y que, sin tener una absoluta semejanza con el modelo, daba una impresión completa de la Salvadora.

—Es verdad —dijo Juan al día siguiente—; está hecho. ¡Tiene algo esta cabeza de emperatriz romana!, ¿verdad? De este busto se ha de hablar —añadió, y, contentísimo, fue a que sacaran de puntos a la estatua. Tenía tiempo de llevarla a la Exposición.

Un sábado por la noche, Juan se empeñó en convidar al teatro a su familia. La Salvadora y la Ignacia no quisieron ir, y Manuel no manifestó tampoco muchas ganas.

—A mí no me gusta el teatro —dijo—. Lo paso mejor en casa.

—Pero, hombre, de vez en cuando...

—Es que me fastidia ir al centro de Madrid por la noche. Casi le tengo miedo.

—¡Miedo! ¿Por qué?

—Es que yo soy un hombre que no tiene energías para nada, ¿sabes?, y hago lo que hacen los demás.
—Pues hay que tener energía.
—Sí, eso me dicen todos; pero no la tengo.
Salieron los dos, y fueron a Apolo. No hacía un momento que estaban en el pórtico del teatro, cuando una mujer se acercó a Manuel.
—¡Demonio!... ¡La Flora!
—¡Anda la...!, si es Manuel —dijo ella—. ¿Qué es de tu vida?
—Estoy trabajando.
—Pero ¿vives en Madrid?
—Sí.
—Pues hace una barbaridad de tiempo que no te veo, chico.
—No vengo por estos barrios.
—¿Y a la Justa, no la ves?
—No. ¿Qué hace?
—Está en la misma casa.
—¿En qué casa?
—¡Ah!, pero ¿no sabes?
—No.
—¿No sabes que está en una casa de ésas?
—No sabía nada. Desde lo de Vidal, no la he vuelto a ver. ¿Cómo está?
—Hecha una jamonaza. Se da al aguardiente.
—Sí, ¿eh?
—Una barbaridad; lo da también la vida. No hace más que beber y engordar.
—Pues tú estás igual que antes.
—Más vieja.
—¿Y qué haces?
—*Na,* por ahí trampeando. Yo hecha la pascua, chi-

quillo; marchando mal. Si tuviera algún dinero, pondría una tiendecilla, porque para hacer como la Justa yo no tengo redaño. ¡Palabra de honor, chico, aunque apabullada, yo no podría vivir entre esas tías cerdas, porque, aunque una sea cualquier cosa, estando libre puede una hacer su capricho, y si un hombre le da a una asco, mandarlo a tomar dos duros!; pero, ¡leñe!, en una casa de ésas hay que apencar con todo.

—¿Y la *Aragonesa*?

—¡La *Aragonesa*! Por ahí anda en coche; ya no saluda... Está con un señor rico.

—¿Y Marcos, el *Cojo*?

—En la cárcel. ¿No te enteraste?

—No. ¿Qué pasó?

—Pues nada, que fue al Círculo un militar, que está más loco que una cabra, y se llevó todo el dinero que había en la casa. Entonces, Marcos y otro matón lo esperaron en la escalera, pero el militar echó a correr y no le cogieron. Al día siguiente, el militar, que está *guillao*, se presentó en el Círculo, tomó café y le dijo al mozo: «Dígales a los dos matones de esa casa que vengan aquí, que tengo que darles a cada uno un encargo». Fueron el *Cojo* y el otro, y el militar empezó a bofetadas con ellos, y se armó una de tiros que todos fueron a la cárcel.

—¿Y al *Maestro*? ¿Le conocías tú?

—Sí; aquél se largó hace tiempo; no se sabe dónde está.

—¿Y la *Coronela*?

—Ésa tiene una academia de baile.

La gente comenzaba a salir de la función, y los que iban a entrar se estrujaban esperando que dieran la señal. Ya la masa de público iba avanzando, cuando la Flora preguntó:

—¿Te acuerdas de la *Violeta*?

—¿De qué *Violeta*?

—Una gorda, alta, amiga de Vidal, que vivía en la calle de la Visitación.

—¿Una que hablaba francés?

—Ésa.

—¿Qué le ha pasado?

—Que le dio un *paralís*, y ahora anda pidiendo limosnas. Si pasas por la calle del Arenal, de noche, la verás. Espérame a la salida.

—Bueno.

Manuel, preocupado, no pudo prestar atención a lo que se representaba. Salieron del teatro. En la Puerta del Sol, Juan se encontró con un escultor, compañero suyo, y se enfrascó en una larga discusión artística. Manuel, harto de oír hablar de Rodin, de Meunier, de Puvis de Chavannes y de otra porción de gente, que no sabía quiénes eran, dijo que tenía que marcharse, y se despidió de su hermano. Antes de entrar en la calle del Arenal, en el hueco de una puerta, había una mendiga. Estaba envuelta en un mantón blanco destrozado; tenía un pañuelo en la cabeza, una falda haraposa y un palo en la mano.

Manuel se acercó a mirarla. Era la *Violeta*.

—Una caridad. Estoy enferma, señorito —tartamudeó ella con una voz como un balido.

Manuel le dio diez céntimos.

—Pero ¿no tiene usted casa? —le preguntó.

—No; duermo en la calle —contestó ella en tono quejumbroso—. Y esos brutos de guardias me llevan a la Delegación y no me dan de comer. Y lo que temo es el invierno, porque me voy a morir en la calle.

—Pero ¿por qué no va usted a algún asilo?

—Ya he estado, pero no se puede ir, porque esos granujas de golfos nos roban la comida. Ahora voy a San Ginés, y gracias que en Madrid hay mucha caridad, sí, señor.

Mientras hablaban, se acercaron dos busconas, una de ellas una mujer abultada y bigotuda.

—¿Y cómo se ha quedado usted así? —siguió preguntando Manuel.

—De un enfriamiento.

—No le hagas caso —dijo la bigotuda con voz ronca—; ha tenido un *cristalino*.

—Y se me han caído los dientes —añadió la mendiga, mostrando las encías—, y estoy medio ciega.

—Ha sido un *cristalino* terrible —agregó la bigotuda.

—Ya ve usted, señorito, cómo me he quedado. ¡Me caigo cada costalada! No tengo más que treinta y cinco años.

—Es que era muy viciosa además —dijo la mujer bigotuda a Manuel—. ¿Qué, vienes un rato?

—No.

—Yo..., yo también he sido de la vida —dijo entonces la *Violeta*—; y ganaba..., ganaba mucho.

Manuel, aterrado, le dio el dinero que llevaba en el bolsillo: dos o tres pesetas. Ella se levantó temblando con todos sus miembros, y, apoyándose en el palo, comenzó a andar arrastrando los pies y sosteniéndose en las paredes. Tomó la paralítica por la calle de Preciados, luego por la de Tetuán, y entró en una taberna.

Manuel, cabizbajo y pensativo, se fue a su casa.

En el comedor, a la luz de la lámpara, cosía la Ignacia, y la Salvadora cortaba unos patrones. Había allá un ambiente limpio, de pureza.

—¿Qué habéis visto? —preguntó la Salvadora.

Y Manuel contó, no lo que había visto en el teatro, sino lo que había visto en la calle.

V

A los placeres de Venus. — Un hostelero poeta. — ¡Mátala! — Las mujeres se odian. — Los hombres también.

Juan llevó a la Exposición el grupo de *Los Rebeldes,* una figura de una trapera hecha en París y el busto de la Salvadora. Estaba contento; había ambiente para su obra.

Algunos decían que el grupo de *Los Rebeldes* recordaba demasiado a Meunier, que en la trapera se veía la imitación de Rodin; pero todos estaban conformes en que el retrato de la Salvadora era una obra exquisita, de arte tranquilo, sin socaliñas ni martingalas.

A los pocos días de inaugurarse la exposición, Juan tenía ya varios encargos.

Satisfecho de su éxito, y para celebrarlo, invitó a su familia a comer un día en el campo. Fue un domingo, una tarde de mayo hermosa.

—Vamos a la Bombilla —dijo Juan—. Eso debe de ser muy bonito.

—No, suele haber demasiada gente —replicó Manuel—. Iremos a un merendero del Partidor.

—Donde queráis; yo no conozco ninguno.

Salieron de casa la Ignacia, la Salvadora, Juan, Manuel y el chico; siguieron la calle de Magallanes, entre las dos tapias, hasta salir por el antiguo camino de Aceiteros, frente al cementerio de San Martín. Las copas de los negros cipreses se destacaban por encima de las tapias en el horizonte luminoso. Pasaron por delante del camposanto; había allí sombra y se sentaron a contemplar los patios a través de la verja.

—¡Qué hermoso es! —dijo Juan.

El cementerio, con su columnata de estilo griego y sus altos y graves cipreses, tenía un aspecto imponente. En las calles y en las plazoletas, formadas por los mirtos amarillentos, había cenotafios de piedra ya desgastados, y en los rincones, tumbas que daban una impresión poética y misteriosa.

Mientras contemplaban el camposanto, aparecieron los dos Rebolledo y el señor Canuto.

—¿Qué, se va de paseo? —dijo el jorobado.

—Sí, a merendar —contestó Juan—. ¿Si quieren venir con nosotros...?

—Hombre..., vamos allá.

Siguieron todos reunidos el curso del canalillo. Luego, abandonándolo y a campo traviesa, marcharon en dirección de Amaniel.

Bajaron el repecho de una colina.

Se veía enfrente una vallada ancha, dorada por el sol, y en el fondo, sobre el cielo de turquesa, el Guadarrama, muy azul, con sus cumbres de plata bruñida. Resplandecía el césped, cuajado de flores silvestres; brillaban los macizos de amapolas como manchas de sangre caídas en la hierba y en los huertos, entre las filas de árboles frutales, se destacaban con violencia las rosas rojas, los lirios de color venenoso, las campanillas de las azucenas y las grandes flores extrañas de los altos y espléndidos girasoles.

Un estanque rectangular ocupaba el centro de una de las huertas, y por su superficie plana, negra y verdosa, nadaban los patos, blancos como copos de nieve, y al cortar el agua dejaban en ella un temblor refulgente de rayos deslumbradores.

—Pero esto es muy bonito —decía Juan a la Salvadora—; todo el mundo me ha dicho que Madrid era muy feo.

—Yo no sé, como no he visto nada —replicó ella, sonriendo.

Desde una loma se veían unos merenderos hundidos entre árboles. Se oía un rumor de organillos.

—Vamos a meternos en uno de éstos —dijo Juan.

Bajaron hasta llegar frente a un arco con este letrero:

A LOS PLACERES DE VENUS
(HAY PIANO Y MUCHO MOVIMIENTO)

—No vaya a venir aquí golfería —dijo Manuel a su hermano.

—Quia, hombre.

Entraron, y por una rampa en cuesta entre boscaje, bajaron a un cobertizo de madera con mesas rústicas, espejos y unas cuantas ventanas con persianas verdes. A un lado había un mostrador como de taberna; en medio, un organillo con ruedas. No había más que tres o cuatro mesas ocupadas, y en el mostrador un viejo y varios mozos de café.

—Esto parece una casa de baños —dijo Juan—; parece que por una de esas ventanas se ha de ver el mar. ¿No es verdad?

Se acercó uno de los mozos a la mesa a preguntarles lo que deseaban.

—Pues, nada; queremos merendar.

—Tendrán ustedes que esperar algo.

—Sí; esperaremos.

En esto el señor viejo que estaba en el mostrador salió de allá, se acercó a ellos, les saludó respetuosamente, agitando la gorra en la mano, y sonriendo dijo:

—Señores: soy el amo de este establecimiento, en donde han tomado ustedes asiento y se les servirá el alimento con un buen condimento, que aquí hay muy buen sentimiento, aunque poco ornamento, y si alguno está sediento, se le traerá un refrescamiento; conque vean este documento —y enseñó una lista de los precios— y ande el movimiento.

Ante un discurso tan absurdo, todo el mundo quedó asombrado; el viejo se sonrió y remató su perorata exclamando:

—¡Mátala! ¡Viva la niña!

Leyeron la lista de los precios; llamaron al mozo, quien les dijo que si les parecía bien podrían trasladarse a un cuarto que daba a la terraza, donde estarían solos.

Subieron por unas escaleras a un barracón largo, dividido en compartimientos, con un corredor a un lado.

Un par de chulos de chaqueta corta y pantalón de odalisca sacaron el organillo a la terraza. Iba entrando gente, y las parejas comenzaban a bailar.

Trajeron la merienda, el vino y la cerveza, y se iban a poner a comer cuando volvió el amo del merendero y saludó con la gorra en la mano.

—Señores —dijo—: Si están ustedes bien en este departamento y sienten desfallecimiento, deben dedicarse pronto al mandamiento y echar fuera el entristecimiento, el descontento y el desaliento. Por eso digo yo, y no miento, mi mejor argumento. ¡Ande el movimiento!

Rebolledo, el jorobado, que miraba al viejo sonriendo, agazapado en su silla como un conejo, terminó la alocución gritando:

—¡Mátala! ¡Viva la niña!

El viejo sonrió y ofreció su mano al jorobado, quien se la estrechó cómicamente. Todos se echaron a reír a carcajadas, y el viejo, muy satisfecho de su éxito, se marchó por el corredor. Al único a quien no le pareció bien la cosa fue al señor Canuto, que murmuró:

—¿A qué viene este *burgante* con esas teorías?

—¿Qué teorías? —preguntó Juan, algo asombrado.

—Esas simplezas que viene diciendo, que no son más que teorías..., alegorías, chapucerías y nada más. Eso es.

—En vez de tonterías, dice teorías el señor Canuto —advirtió Manuel a Juan por lo bajo.

—¡Ah, vamos!

Comieron alegremente al son del pianillo, que tocaba tangos, polcas y pasodobles. La terraza, poco a poco, se había llenado de gente.

—Qué, ¿echamos un baile, señora Ignacia? —dijo Perico a la hermana de Manuel.

—¡Yo! ¡Dios bendito! ¡Qué barbaridad!

—Y usted, ¿no baila? —preguntó Juan a la Salvadora.

—No, casi nunca.

—Yo la sacaría a usted si supiera. Anda tú, Manuel; no seas poltrón. Sácala a bailar.

—Si quiere, vamos.

Salieron por el corredor al patio enlosado, mientras el organillo tocaba un pasodoble. Bailaba la Salvadora, recogiéndose la falda con la mano, con verdadera gracia y sin el menor movimiento lascivo de las demás mujeres. Cuando acabó el baile, Perico Rebolledo, algo turbado, le pidió que bailara con él.

Al volver Manuel al sitio donde había merendado tropezó en el corredor con dos señoritos y dos mujeres. Una de éstas se volvió a mirarle. Era la Justa. Manuel hizo como que no la había conocido, y se sentó al lado del señor Canuto.

Volvió la Salvadora de bailar, con las mejillas rojas y los ojos brillantes, y se puso a abanicarse.

—¡Olé ahí las chicas bonitas! —dijo el jorobado—. Así me gusta a mí la Salvadora: coloradita y con los ojos alegres. Señor artista, fíjese usted, y vaya tomando apuntes.

—Ya me fijo —contestó Juan.

La Salvadora sonrió ruborizada, y miró a Manuel, que estaba violento. Trató de buscar el motivo del malestar de Manuel, cuando sorprendió una mirada de la Justa, fija, dura, llena de odio.

«Sería la que vivió antes con él», pensó la Salvadora, y, con indiferencia, la estuvo observando.

En esto vino el mozo, y, acercándose a Manuel, le dijo:

—De parte de aquella señora, que si quiere usted pasar por su mesa.

—¡Gracias! Dígale usted a esa señora que estoy aquí con mis amigos.

Al recibir la contestación, la Justa se levantó, y fue acercándose por la galería a donde estaba Manuel.

—Viene hacia aquí esa pelandusca —dijo la Ignacia.

—Más te vale ver lo que quiere —añadió la Salvadora con ironía.

Manuel se levantó, y salió al corredor.

—¿Qué? —exclamó de un modo agresivo—. ¿Qué hay?

—*Na* —contestó ella—. ¿Es que no te dejaban ésas salir?

—No; es que a mí no me daba la gana.

—¿Quién es ésa que está contigo? ¿Tu querida? —y señaló a la Salvadora.

—No.

—¿Tu novia?... Chico, tienes mal gusto. Parece un fideo raído.

—¡Psch! Bueno.

—¿Y ése de los pelos?

—Es mi hermano.

—Es simpático. ¿Es pintor?

—No, es escultor.

—Vamos, artista. Chico, pues me gusta. Preséntame a él.

Manuel la miró, y sintió una impresión repelente. La Justa había tomado un aspecto de bestialidad repulsiva; su cara se había transformado haciéndose más torpe, el pecho y las caderas estaban abultados, el labio superior lo sombreaba un ligero vello; todo su cuerpo parecía envuelto en grasa, y hasta su antigua expresión de viveza se borraba, como ahogada en aquella gordura fofa. Tenía todas las trazas de una mujerona de burdel, que ejerce su oficio con una perfecta inconsciencia.

—¿Dónde vives? —le preguntó Manuel.

—En la calle de la Reina, en casa de la *Andaluza*. No es cara la casa. ¿Irás?

—No —dijo Manuel secamente, y, volviéndole la espalda, se acercó a donde estaban los suyos.

—Muy flamenca, guapetona —dijo el jorobado.

Manuel se encogió de hombros con indiferencia.

—¿Qué le has dicho? —preguntó Perico—. Se ha quedado paralizada.

El organillo no dejaba de tocar un momento; la Justa, su compañera y los dos señoritos comenzaron a ponerse impertinentes. Reían, gritaban; tiraban huesos de aceituna. La Justa miraba siempre a la Salvadora de una manera fulminante.

—¿Por qué me mira así esa mujer? —y la Salvadora hizo esta pregunta a Manuel sonriendo.

—¡Qué sé yo! —contestó él con tristeza—. ¿Vámonos?

—Estamos bien aquí, hombre —dijo Juan.

—¿Os habéis incomodado porque he hablado con ésa? —preguntó Manuel a la Salvadora.

—¿Nosotras? ¿Por qué? —y la Salvadora volvió rápidamente la cabeza y relampaguearon sus ojos.

Uno de los señoritos salió a bailar con la Justa, y, al pasar por delante de donde estaban Manuel y los otros, dijo en voz alta algo insultante de las melenas de Juan.

—Vámonos —repitió Manuel.

A sus instancias, se levantaron; pagó Juan, y salieron.

—Ahí va uno que se lleva la merienda guardada

—dijo uno de los que bailaban, al ver al jorobado.
Perico se detuvo, dispuesto a pegarse con el que
insultara a su padre; pero Manuel le cogió del brazo
y lo empujó hacia la salida.

—Esto es lo que no pasa en ningún lado —dijo
Juan—. Sólo aquí hay este afán de insultar y de molestar a la gente.

—Falta de educación —murmuró el jorobado con
indiferencia.

—Y luego no pasa nada —añadió Perico—; porque
a uno de estos chulapones, con toda su fachenda, se
le da un golpe y se queda con él, alborota mucho
y nada.

—Pero es muy desagradable —repuso Juan— eso
de no poder ir a ningún lado sin que alguien trate de
ofenderle a uno. En el fondo de esto —dijo después
burlonamente— hay un espíritu provinciano. Recuerdo que en Londres, en uno de esos parques enormes
que hay allá, por las tardes veía jugar a la raqueta
a dos señores; uno, gordo, bajito, con una gorrita en
la cabeza, y el otro, flaco, esquelético con levita y
sombrero de paja. Yo iba con un español y un inglés,
y el español, como es natural se las echaba de gracioso. Al ver aquel par de tipos, verdaderamente ridículos, que jugaban en medio de una porción de personas que les miraban muy serios, el español dijo:
«Esto no podría pasar en Madrid, porque se reirían
de ellos y tendrían que dejar su juego». «Sí —contestó el inglés—, ése es el espíritu provinciano, propio
de un pueblo pequeño; pero a un inglés de Londres
no le asombra nada, ni por muy grande ni por muy
ridículo que sea.»

—Lo partió por el eje —dijo el señor Canuto, guiñando un ojo maliciosamente.

—Yo no les hubiera hecho caso —dijo la Salvadora, que no oyó el cuento de Juan.

—Ni yo —añadió la Ignacia—. ¡Jesús bendito, qué mujer! ¡Qué descaro! Es una perdición.

—Bueno, bueno; por eso mismo me he querido yo marchar, por evitar una riña —saltó Manuel—; porque a vosotras os gusta armarla, y luego si viene alguna consecuencia desagradable, entonces vienen las lamentaciones.

—Si tú tienes mal humor por el encuentro, nosotras no tenemos la culpa —repuso la Salvadora.

Manuel enmudeció y volvieron hacia Madrid, tomando el camino de la Moncloa. Después, por la calle de Rosales, se metieron en el paseo de Areneros.

Al llegar aquí había oscurecido; pasaban los tranvías atestados haciendo sonar sus timbres; se acercaban unos, otros huían rápidamente, hasta que en el aire polvoriento se perdían las miradas rojas o verdes de sus farolillos redondos.

Desde la proximidad del Hospital de la Princesa, hacia el campo, se veían paredones blancos, ventanas abiertas iluminadas de casas de cuatro pisos de Vallehermoso. A lo lejos se divisaba el horizonte confuso, rojizo, y los desmontes dorados por los últimos rayos del sol, que se dibujaban en líneas horizontales en el cielo.

—Da todo esto una impresión angustiosa, ¿verdad? —dijo Juan.

Nadie le contestó. Iba oscureciendo aún más; la noche arrojaba puñados de ceniza sobre el paisaje; el cielo tomaba un color siniestro, gris, sucio, surcado por algunas vagas estrías rojas; la llama oscilante de los faroles se estremecía en el aire polvoriento.

En el final del paseo, Juan se despidió de todos. Luego, solo, se detuvo un momento a mirar el campo. Enfrente se veía la torre de ladrillo del Hospital de Clérigos; más lejos, una cúpula plomiza y los cipreses del cementerio de San Martín destacándose en el horizonte. De la chimenea de la fábrica de electricidad salía el humo a borbotones densos, y en el aire pesado del crepúsculo iba extendiéndose paralelamente a la tierra como un escuadrón de caballos salvajes.

Y el paisaje árido, unido a la pobreza de las construcciones, a los gritos de la gente, a la pesadez del aire, daba una impresión de fatiga, de incomodidad, de vida sórdida y triste...

VI

Las vagas ambiciones de Manuel. — Las mujeres mandan Roberto. — Se instala la imprenta.

En los días anteriores a la apertura de la Exposición, Juan no apareció por casa de Manuel. Pintores y escultores se pasaban la vida de café en café, discutiendo y, sobre todo, intrigando. Juan estaba asqueado al verse en aquel ambiente de miserias, de ruindades, de bajas maquinaciones.

Su grupo *Los Rebeldes*, mal colocado en el salón adrede, apenas se veía. El retrato de la Salvadora estaba en mejor sitio, y había causado efecto; los periódicos hablaban de Juan; uno del Jurado le había dicho que él le votaría para una segunda medalla, pero que, como todas estaban comprometidas, no le podrían dar más que una tercera. Juan le contestó que hiciesen en conciencia lo que les pareciese; pero el del Jurado le advirtió que le dijera si iba o no a aceptar la tercera medalla, porque, en el caso de no aceptarla, se la darían a otro.

Juan sintió deseos de rechazarla, pero esto daba a entender que estaba mortificado, y la aceptó.

—¿Cuánto te dan por eso? —le preguntó Manuel.

—Mil pesetas.

—Entonces haces bien en aceptar. Los periódicos dicen que tus estatuas son de lo mejor de la Exposición; para la gente has obtenido un triunfo. Ahora te dan ese dinero. Tómalo.

—¡Psch!

—Si no lo quieres, dámelo a mí; esas pesetas me podían hacer el gran avío.

—¿A ti? ¿Para qué?

—Hombre, tengo ya desde hace tiempo la idea de tomar una imprenta en traspaso.

—¿Pero vives mal así?

—No.

—¿Tantas ganas tienes de ser propietario?

—Todo el mundo quiere ser propietario.

—Yo, no.

—Pues yo, sí; me gustaría tener un solar, aunque no sirviera para nada, sólo para ir allá y decir: esto es mío.

—No digas eso —replicó Juan—; para mí ese instinto de propiedad es lo más repugnante del mundo. Todo debía ser de todos.

—Que empiecen los demás dando lo que tienen —dijo la Ignacia, terciando en la conversación.

—Nosotros no tenemos que arreglar nuestra conducta con la de los demás, sino con nuestra propia conciencia.

—¿Pero es que la conciencia le impide a uno ser propietario? —preguntó Manuel.

—Sí.

—Será la tuya, chico; la mía no me lo impide. Yo, entre explotado o explotador, prefiero ser explotador, porque eso de que se pase uno la vida trabajando y que se imposibilite uno y se muera de hambre...

—No tiene uno derecho al porvenir. La vida viene como viene, y sujetarla es una vileza.

—Pero, bueno, ¿qué me quieres decir con esto? ¿Que no me darás el dinero?

—No, el dinero te lo llevas si es que me dan la medalla; lo que te digo es que no me gusta esa tendencia tuya de hacerte burgués. Vives bien...

—Pero puedo vivir mejor.

—Bueno, haz lo que quieras.

La Salvadora y la Ignacia no compartían las ideas de Juan; al revés, sentían de una manera enérgica el instinto de propiedad.

A consecuencia de esta conversación se despertaron nuevamente los planes ambiciosos de Manuel. La Salvadora y la Ignacia le instaron para que estuviese a la mira por si salía alguna imprenta en traspaso, y pocos días después le indicaron una anunciada en un periódico.

Manuel fue a verla; pero el amo le dijo que ya no la quería traspasar. En cambio, supo que un periódico ilustrado vendía una máquina nueva y tipos nuevos por quince mil pesetas.

Era una locura pensar en esto; pero la Salvadora y la Ignacia le dijeron a Manuel que fuera a verla, y que le propusiera al amo comprarla a plazos.

Hizo esto Manuel; la máquina era buena, tenía un motor eléctrico moderno, y los tipos eran nuevos; pero el amo no se avenía a cobrar en plazos.

—No, no —le dijo—; soy capaz de rebajar algo el precio; pero el dinero lo necesito al contado.

Entre la Salvadora y la Ignacia tenían tres mil pesetas, podía contar con las mil de la medalla de Juan; pero esto no era nada.

—¡Qué le vamos a hacer —dijo Manuel—. No se puede..., paciencia.

—Pero la máquina, ¿es buena? —preguntó la Salvadora.

—Sí; muy hermosa.

—Pues yo no dejaría eso así —dijo la Salvadora.

—Ni yo tampoco —repuso la Ignacia.

—¿Y qué voy a hacer?

—¿No tienes ese amigo inglés que vive en el Hotel de París?...

—Sí; pero...

—¿No te atreves? —preguntó la Ignacia.

—Pero, ¿cómo me va a dar quince mil pesetas?

—Que te las preste. Con probar, nada se pierde. Él no lo llevas contigo.

A Manuel no le hizo ninguna gracia la cosa; dijo que sí, que iría a ver a Roberto, pensando que se les olvidaría la idea; pero al día siguiente las dos volvieron a la carga.

Manuel pensó hacer como que iba al hotel, y decirles a ellas que no estaba Roberto en Madrid; pero la Ignacia se le adelantó, y se enteró de que no se había marchado.

Manuel fue a ver a su amigo de muy mala gana, deseando encontrar algún pretexto para aplazar indefinidamente la visita o que le dijeran que no le podían recibir; pero al entrar en la puerta del hotel se encontró con Roberto.

Estaba dando órdenes a un mozo. Parecía más fuerte, más hombre, con un gran aplomo en los movimientos.

—Hola, ilustre golfo —le dijo al verle—. ¿Cómo estás?

—Bien. ¿Y usted?

—Yo, admirablemente...; ya me he casado.

—¿Sí?

—Estoy en camino de ser padre.

—¿Y el proceso?

—Terminó.

—¿A favor de usted?

—Sí; ya no falta más que la resolución de unos expedientes.

—Y la señorita Kate, ¿está aquí?

—No, en Amberes. ¿Venías a buscarme? ¿Qué me querías?

—Nada, verle.

—No; tú venías a algo.

—Sí; pero, la verdad, vale más que no se lo diga a usted, porque es una tontería.

—No, hombre, dilo.

—Son cosas de mujeres. Ya sabe usted que soy cajista, y mi hermana y otra muchacha que vive conmigo están empeñadas en que me debo establecer... Y ahora se puede comprar una máquina nueva y tipos también nuevos... y yo no tengo dinero bastante para eso..., y ellas me han empujado para que le pida a usted el dinero.

—¿Y cuánto se necesita para eso?

—Piden ahora quince mil pesetas; pero pagándole al contado al dueño, rebajaría mil o quizá dos mil.

—De manera que necesitas unas trece o catorce mil pesetas.

—Eso es; yo ya me figuro que usted no podrá dar ese dinero... Ahora, perder no se puede perder gran cosa. Porque usted podría ser el socio capitalista, y se ensayaba...; que a los dos años, por ejemplo, no daba resultado, pues se vendía la máquina y las cajas con mil o dos mil pesetas de pérdida, y la pérdida la pagaba yo.

—Pero, además, hay que abonar los gastos de instalación en la nueva imprenta, de traslado, ¿verdad?

—No, de eso me encargaría yo.

—Tienes dinero, ¿eh?

—Unas cuatro mil pesetas.

—De manera que me propones ser tu socio capitalista, ¿no es eso?

—Sí.

—¿Qué ganaré yo? ¿La mitad de los ingresos?

—Eso es.

—¿Después de descontados vuestros jornales?

—Le va a quedar a usted muy poco.

—No importa; acepto.

—¿Acepta usted? —dijo Manuel, en el colmo del asombro.

—Sí, seré tu socio. Dentro de unos años pondremos una gran casa editorial para ir descristianizando España. Vamos a ver al dueño de la máquina.

Tomaron un coche, y se hizo la compra. Se especificó el número de letras y de casilleros; Roberto cogió el recibo, pagó y le dijo a Manuel:

—Ya me dirás dónde nos trasladamos. ¡Adiós! Tengo mucho que hacer.

Manuel se despidió de la imprenta donde trabajaba, y se fue a su casa. Ya era un burgués, todo un señor burgués. Tuvo grandes dificultades la instalación de la imprenta.

El dueño de la máquina dijo que él ya no necesitaba el local, y Manuel tuvo que pagarlo mientras buscaba otro. Después de andar mucho, llegó a encontrar una tienda a propósito para imprenta en la calle de Sandoval. Tenía prisa en instalarse cuanto antes, y se arregló con los albañiles para que hicieran las obras necesarias en un mes; pero los albañiles tardaron más de lo convenido, y tuvo que pagar los alquileres de las dos casas. Por más que Manuel vigilaba y atendía a los menores detalles, no podía evitar el robo; las obras le costaron un dineral; entre la portada, la muestra y los arreglos del interior se fueron las tres mil pesetas. Lo único barato fue la instalación eléctrica, que la hizo Perico Rebolledo.

Luego había que hacer una porción de diligencias, había que pedir permiso en el Ayuntamiento para las cosas más fútiles, y Manuel andaba hecho un zarandillo de un lado a otro.

Tras de muchas dilaciones y contratiempos, pudo trasladar la máquina y las cajas, y notó que le habían robado casi la mitad de las letras. El motor eléctrico hubo que componerlo. Por fin se arregló todo; pero no había trabajo. La Ignacia se lamentaba de que su hermano hubiese perdido su buen jornal; la Salvadora, siempre animosa, confiaba que vendría el trabajo, y Manuel se pasaba las horas en la imprenta, flaco, triste, irritado.

Hizo anuncios, que repartió por todas partes; pero los encargos no venían.

VII

El amor y la debilidad. — Las intermitentes y las golondrinas. — El bautizo de su majestad Curda I en una imprenta.

A consecuencia de la fatiga y de las preocupaciones, Manuel comenzó a encontrarse malo. Sentía un gran desmadejamiento en todo el cuerpo; apenas dormía, y estaba siempre febril. Una tarde, la fiebre se hizo tan alta que tuvo que guardar cama.

Pasó la noche con un calenturón terrible, en una soñolencia extraña, despertándose a cada momento con sobresaltos y terrores.

A la mañana siguiente se encontraba mejor; sólo de cuando en cuando algún escalofrío le recorría por el cuerpo.

Estaba dispuesto a salir cuando sintió que de nuevo le empezaba la fiebre. Le pasaban los escalofríos por la espalda como soplos de aire helado.

La Salvadora estaba con sus discípulas, y Manuel llamó a Ignacia.

—Avísale a Jesús. Si no está ahora colocado, que vaya a la imprenta. Estoy muy mal. Yo no sé lo que tengo.

Se acostó con la cabeza pesadísima. Sentía un latido en la frente, que se comunicaba a todo el cuerpo. Se imaginaba que le llevaban debajo de un martillo de fragua y le ponían en el yunque, unas veces boca arriba, otras de costado. Cesaba esta impresión, y escuchaba dentro de su cerebro el ruido de la prensa y del motor eléctrico, y esto le producía una angustia enorme. Después de dos o tres horas de una fiebre alta, se encontró de nuevo bien.

Por la noche, Jesús y el señor Canuto fueron a verle. Habló Manuel con Jesús de los asuntos de la imprenta, y le recomendó que no los abandonara. El señor Canuto salió, y vino poco después con unas hojas de eucalipto, con las cuales la Ignacia hizo un cocimiento para Manuel.

Algo mejoró con esto, pero los accesos de fiebre seguían, y hubo que llamar a un médico. Se encontraba, además, Manuel en un estado de excitación que no le dejaba descansar un momento.

—Tiene intermitentes y una gran depresión nerviosa —dijo el médico—. ¿Trabaja mucho?

—Sí, mucho —contestó la Salvadora.

—Pues que no trabaje tanto.

Recetó el médico, y se fue. Toda la noche estuvo la Salvadora al lado del enfermo. A veces Manuel le decía:

—Acuéstate.

Pero estaba deseando que no lo hiciera.

Le atendía la Salvadora con una solicitud de madre; se molestaba continuamente por él. Era pródiga de sus atenciones y avara de las ajenas. Manuel, hundido en la cama, la miraba, y cuanto más la miraba, creía encontrar en ella nuevos encantos.

«¡Qué buena es! —se solía decir a sí mismo—. La molesto a cada paso y no me odia.» Y este pensamiento de que era buena le daba ideas fúnebres, porque pensaba qué sería de él si ella se casara. Era una idea egoísta; nunca había sentido como entonces tanto miedo a morirse y a quedar desamparado.

A los dos días, la Ignacia dijo que para que la Salvadora pudiese atender a sus quehaceres, lo mejor sería llamar a la mujer del señor Canuto, una vieja emplastera, que asistiría muy bien a Manuel.

Éste no replicó, pero mentalmente se deshizo en insultos contra su hermana; la Salvadora repuso que no había necesidad de traer a nadie, y Manuel se sintió tan emocionado, que las lágrimas le brotaron de los ojos.

Se encontraba Manuel en un estado de impresionabilidad extraño; la cosa más insignificante le producía un arrebato de cariño o de odio. Entraba la Salvadora, y mullía el almohadón o le preguntaba si necesitaba alguna cosa, e inmediatamente Manuel sentía un agradecimiento tan grande, que hubiera querido exponer su vida por ella; en cambio, venía la Ignacia y le decía: «Hoy parece que estás mejor», y sólo por esto, Manuel temblaba de ira.

«Así deben ser los perros, como yo soy ahora», pensaba algunas veces.

A los seis días, Manuel se levantaba. Era el mes de agosto; solían estar las maderas del balcón cerradas; por una rendija entraba un rayo de sol, nadaban en su luz los corpúsculos del aire y pasaban las moscas atravesando aquella barra de oro como gotas de un metal incandescente. Se sentía la calma enorme de los alrededores desolados, y en aquellas horas de siesta venía de la tierra calcinada como un soplo de silencio; todo estaba aletargado; sólo se oía el lejano silbido de algún tren y el chirriar de los grillos...

Los sábados, invariablemente, por las mañanas, debajo del balcón en donde trabajaba la Salvadora, solía ponerse un ciego a cantar, acompañándose de una guitarra de son cascado, canciones antiguas. Era un ciego bien vestido, con gabán y sombrero hongo, que llevaba un perrillo blanco como guía. Solía cantar con muy poca voz, pero afinando siempre, aquella habanera de *Una vieja*: «¡Ay mamá, qué noche aquélla!» y algunas otras romanzas sentimentales.

Manuel llamaba al ciego el *Romántico*, y por este nombre le conocían en la casa; la Salvadora solía echarle todos los sábados diez céntimos desde el balcón.

Por las tardes, Manuel, desde el comedor, oía a las discípulas de la Salvadora cuando entraban. Notaba sus conversaciones en el portal, el crujido de los peldaños viejos de la escalera; luego sentía el beso que daban a la maestra, el ruido de la máquina, el chasquido de los bolillos y un murmullo de risas y de voces.

Cuando las niñas se marchaban, entraba Manuel en la escuela y charlaba con la Salvadora. Abrían el balcón, las golondrinas trazaban rápidos círculos alegres y locos en el cielo rarificado; el aire de la tarde se opalizaba, y Manuel sentía lánguidamente el paso de las horas y contemplaba los crepúsculos tristes de cielo anaranjado, cuando en la callejuela solitaria se encendían los faroles y pasaban haciendo sonar las esquilas algunos rebaños de cabras. Un día Manuel tuvo un sueño que luego le preocupó mucho; soñó con una mujer que estaba a su lado; pero esta mujer no era la Justa; era delgada, esbelta, sonriente. En su sueño se desesperaba por no comprender quién era aquella mujer. Se acercaba a ella, y ella huía, pero de pronto la alcanzaba y la tenía en sus brazos palpitante. Entonces la miraba muy de cerca y la reconocía. Era la Salvadora. Desde aquel instante comenzó una nueva preocupación por ella...

Una tarde, en la convalecencia, cuando aún Manuel se encontraba débil, hizo un calor bochornoso. El cielo estaba blanquecino, anubarrado, polvaredas turbias se levantaban de la tierra. A veces se ocultaba el sol, y el calor era entonces más sofocante. En el interior de la casa, los muebles crujían con estallidos secos. Desde la ventana veía Manuel el cielo, que tomaba tintes amarillos y morados; después comenzó a oírse el rodar lejano de los truenos. Llegaba un olor fuerte a tierra mojada. Manuel, con los nervios en tensión, sentía una gran angustia. Brilló un relámpago en el cielo, y comenzó a llover. La Salvadora cerró la ventana, y quedaron en la semioscuridad.

—¡Salvadora! —llamó Manuel.

—¿Qué?

Manuel no dijo nada; le agarró la mano, y la estrechó entre las suyas.

—Déjame que te bese —le dijo Manuel en voz baja.

La Salvadora inclinó la cabeza, y sintió en la mejilla el beso de los labios de Manuel, que quemaban, y él sintió en sus labios una frescura deliciosa. En aquel momento entró la Ignacia.

A medida que Manuel iba restableciéndose, la Salvadora volvía a ser como habitualmente, igual en su carácter, tan amable para unos como para otros. Manuel hubiera querido una preferencia.

«La hablaré», pensó.

En casa no era fácil, porque la Ignacia se creyó en el caso de vigilarlos a los dos.

—Ya no falta más que esto —decía, indignado, Manuel—; pero, en fin, cuando salga nos entenderemos.

De cuando en cuando Manuel preguntaba a Jesús:

—¿Que tal en la imprenta?

—Bien —contestaba él invariablemente.

Jesús comía en la casa y dormía en un cuarto próximo al desván, en donde la Ignacia le había puesto una cama.

El primer día que Manuel se sintió con fuerzas se marchó a la imprenta. Entró. No había nadie.

«¿Qué demonios pasa aquí?», se dijo.

Se oían voces en el patio. Manuel se asomó a una ventana a ver lo que ocurría. Estaban los tres cajistas, Jesús y el aprendiz, todos vestidos de mamarracho, cantando y paseándose por el patio. Abría la marcha el aprendiz con un embudo en la cabeza y golpeando en una sartén. Tras de él iba uno de los cajistas, que llevaba una falda de mujer, unos trapos arrebujados en el pecho y en los brazos un palo envuelto en una tela blanca, como si fuera un niño. Después marchaba Jesús, vestido con una dalmática de papel y en la cabeza un birrete con un barbuquejo; luego uno de los cajistas, que llevaba una escoba como fusil, y el último el otro cajista, con una espada de madera en el cinto.

Todas las vecinas habían salido a las ventanas a presenciar la ceremonia. Después de los cánticos, Jesús se subió a un banco, cogió una bota de vino y la derramó sobre la cabeza del muñeco.

—En el nombre del Padre, del Hijo y del Espíritu Santo —gritó—, te bautizo y te doy el nombre de Curda Primero, rey de todas las Cogorzas, príncipe de la Jumera, conde de la Tajada y señor de la Papalina.

El de la sartén comenzó a golpearla furiosamente.

—¡Silencio! —exclamó Jesús con voz vibrante—. Pueblo de Madrid: ¿Juras defender a Su Majestad Curda Primero a todas horas y en todos los momentos?

—¡Sí, sí! —gritron los cuatro, enarbolando escobas, espadas y sartenes.

—¿Reconocéis como vuestro legítimo rey y soberano a Su Majestad Curda Primero?

—¡Sí, sí!

—¿Juráis dar vuestras haciendas y vuestras vidas a Su Majestad Curda Primero?

—¡Sí, sí!

—¿Juráis derramar vuestra sangre en los campos de batalla por Su Majestad Curda Primero?

—¡Sí, sí!

—¿Juráis no reconocer nunca, ni aun en el tormento, otro rey que Su Majestad Curda Primero?

—¡Sí, sí!

—Pues bien: pueblo inepto, pueblo nauseabundo, si así lo hacéis, Dios os lo premie, y si no, os lo demande. ¡Sus! ¡Papalina y cierra España! ¡Muera el infiel marroquí! Acordaos de que vuestros padres tuvieron la honra de morir por los Papalinas, de ser destripados por los Papalinas, de ser violados por los Papalinas. ¡Vivan los Papalinas!

—¡Vivan los Papalinas! —gritaron todos.

—Ahora, que comience la libación —dijo Jesús—. ¡Que rompan a tocar las músicas! ¡Que arda en festejos el pueblo!

Luego, con su voz natural, le dijo al chico:

—¡Anda, trae unos vasos!

El aprendiz entró en la imprenta; Manuel le cogió del brazo, y le dijo:

—Dile a ése que estoy aquí.

Con la orden se acabó inmediatamente la ceremonia, y volvieron los obreros al trabajo.

—Muy bien —dijo Manuel—, muy bien —y engarzó una serie de blasfemias—. Ahora se van ustedes todos a la calle. De manera que dejan ustedes esto solo y se ponen a armar escándalo, para que el amo de la casa le despida a uno...

—Es que el chico ayer pescó la primera curda —dijo Jesús—, ¿sabes?, y la hemos celebrado.

—Haberla celebrado en otra parte. Bueno. A trabajar, y otra vez estas fiestas las hacen ustedes en los Cuatro Caminos.

Jesús se fue a las cajas, pero al poco rato volvió.

—Dame la cuenta —le dijo a Manuel, muy fosco.

—¿Por qué?

—Me marcho; no quiero trabajar aquí.

—¿Pués qué hay?

—Eres un cochino burgués, que no piensas más que en el dinero. No tienes alegría.

—Mira, sigue ahí, si no quieres que te meta el componedor por la boca, ¡ladrón!

—Eres un mal compañero...; además, siempre me estás insultando.

—¿Y me vas a dejar ahora, que todavía estoy malo?

—Bueno, me quedaré hasta que te cures.

SEGUNDA PARTE

I

Juego de bolos, juego de ideas, juego de hombres.

Hay entre Vallehermoso y el paseo de Areneros una ancha y extensa hondonada, que lentamente se va rellenando con escombros.

Estos terrenos nuevos, fabricados por el detritus de la población, son siempre estériles. Algunos hierbajos van naciendo en los que ya llevan aireándose algunos años. En los modernos, manchados de cal, llenos de cascote, ni el más humilde cardo se decide a poblarlos.

Por encima de estas escombreras pasan continuamente volquetes con tres y cuatro mulas, rebaños de cabras escuálidas, burros blanquecinos, chiquillos harapientos, parejas de golfos que se retiran a filosofar lejos del bullicio del pueblo, mendigos que toman el sol y perros vagabundos.

En la hondonada se ven solares de corte de piedra, limitados por cercas de pedruscos, y en medio de los solares, toldillos blancos, bajo los cuales los canteros, protegidos del sol y de la lluvia, pulen y pican grandes capiteles y cornisas marcados con números y letras rojas.

En el invierno, en lo más profundo de la excavación, se forma un lago, y los chiquillos juegan y se chapotean desnudos.

En esta hondonada, ya bastante cerca del paseo de Areneros, al lado de unas altas pilas de maderas negras, había un solar, y en él una taberna, un juego de bolos y una churrería.

El juego de bolos estaba en medio, la taberna a su derecha y la churrería a la izquierda. La taberna se llamaba La Aurora; pero era más conocida por la taberna de Chaparro. Daba al paseo de Areneros y a un pasadizo entre dos empalizadas; tenía un escalón a la entrada y una muestra llena de desconchaduras y de lepras. Por dentro era un cuarto muy pequeño con una ventana al solar. En medio de la taberna, por las mañanas, solían verse cuatro o cinco barreños con ceniza, y encima unos pucheros pequeños, en donde hervía el cocido de unos cuantos mozos de cuerda que iban a comer allí.

El local tenía sus refinamientos de lujo y de comodidad; en las paredes había un zócalo de azulejos; en el invierno se ponía una estufa, y continuamente había cerca de la ventana un reloj, parado, de caja grande pintarrajeada.

La churrería estaba al otro lado del solar. Era una barraca hecha de tablas pintadas de rojo; tenía el tejado de cinc, y por en medio de él salía una alta y gruesa chimenea, sujeta por cuatro alambres y adornada con una caperuza.

Como trazo de unión entre la churrería y la taberna, estaba el juego de bolos. Tenía éste su entrada por una valla pintada de rojo con un arco en la puerta. Se dividía en dos plazas separadas por un gran tabique o biombo hecho con trapos sujetos en un alto bastidor. En el fondo, en un sotechado con gradas, se colocaban los espectadores.

Dando la vuelta al juego de bolos, había una casita blanca casi cubierta por enredaderas; detrás de ésta, un antiguo invernadero arruinado, y junto a él una noria, cuya agua regaba varios cuadros de hortalizas. Al lado del invernadero, medio oculto entre altos girasoles, se veía un coche viejo, una antigua berlina destrozada, sucia, con las portezuelas abiertas y sin cristales, que servía de refugio a las gallinas. La churrería, la taberna y el juego de bolos eran de los mismos dueños; dos socios que habitaban en la casita de las enredaderas.

Los dos socios eran tipos diametralmente opuestos. Al uno, rubio, bastante grueso, con patillas, le decían el *Inglés*; el otro, delgado, picado de viruelas, con los ojos pequeños y enrojecidos, se llamaba Chaparro. Los dos habían sido mozos de café. Eran hombres que, en los genios más opuestos y contradicrios, se entendían admirablemente.

Chaparro solía estar siempre en la taberna: el *Inglés*, siempre en el juego de bolos; Chaparro llevaba gorra; el *Inglés*, sombrero de jipijapa; Chaparro no fumaba, el *Inglés* fumaba en pipa larga; Chaparro vestía de negro, el *Inglés*, trajes claros y anchos; Chaparro estaba siempre incomodado; el *Inglés* siempre alegre; Chaparro creía que todo era malo, el *Inglés* que todo era bueno, y así, con esta disparidad absoluta, se entendían los dos compadres.

Chaparro trabajaba mucho, no paraba nunca; el *Inglés*, más pacífico, miraba jugar a los bolos, leía el periódico, con sus anteojos negros, puestos sobre la nariz; regaba sus plantas, que las tenía en cajas y en grandes jarrones de piedra, que debían de haber ido a parar allí de algún derribo, y meditaba. Muchas veces no hacía ni esto siquiera; salía a la hondonada, se tendía al sol y contemplaba vagamente la sierra y la línea austera apenas ondulada de los campos madrileños bajo el cielo radiante.

Una tarde paseaba Juan con un pintor decorador, a quien había conocido en la Exposición, por el paseo de Areneros, cuando vieron el juego de bolos del *Inglés,* y entraron.

—Aquí podríamos tomar algo —dijo Juan.
—No habrá quien sirva —contestó el otro.
Llamaron a un chico que recogía las bolas.
—Ahí al lado, en la taberna, se pueden ustedes sentar.
Se sentaron debajo de un emparrado, y siguieron hablando. El que hablaba con Juan era hombre ilustrado, y que había vivido en Francia, en Bélgica y viajado por América. Solía escribir en un periódico anarquista, en donde firmaba *Libertario,* y por este apodo se le conocía.

Había dedicado un artículo elogioso al grupo de Los Rebeldes, y luego había buscado a Juan para conocerle.

Sentados bajo el emparrado, el *Libertario* hablaba. Era éste un hombre delgado y alto, de nariz corva, barba larga, y tenía un modo de expresarse irónico y burlón. A pesar de que a primera vista parecía indiferente y hombre que tomaba todo a broma, era un fanático. Trataba de convencer a Juan. Hablaba con un tono un tanto sarcástico, manoseando con sus dedos largos y delgados su barba antigua de prócer, suave y flexible. Para él, lo principal en el anarquismo era la protesta del individuo contra el Estado; lo demás, la cuestión económica, casi no le importaba; el problema para él estaba en poder librarse del yugo de la autoridad. Él no quería obedecer; quería que si él se asociaba con alguien fuese por su voluntad, no por la fuerza de la ley. Afirmaba también que las ideas de bien y de mal tenían que transformarse por completo, y con ellas la del deber y la de la virtud.

Hacía sus afirmaciones con cierta reserva, y de cuando en cuando observaba a Juan con una mirada escrutadora.

El *Libertario* quería dejar una buena impresión en Juan, y ante él, sin alardes, iba exponiendo sus doctrinas.

Juan escuchaba y callaba; asentía unas veces, otras manifestaba sus dudas. Juan había tenido un gran desengaño al conocer a los artistas de cerca. en París, en Bruselas, había vivido aislado, soñando; en Madrid llegó a intimar con pintores y escultores, y se encontró asombrado al ver una gente mezquina e indelicada, una colección de intrigantuelos, llenos de ansias de cruces y de medallas, sin un asomo de nobleza, con todas las malas pasiones de los demás burgueses.

Como en Juan las decisiones eran rápidas y apasionadas, al retirar su fe de los artistas la puso de lleno en los obreros. El obrero, para él, era un artista con dignidad, sin la egolatría del nombre y sin envidia. No veía que la falta de envidia del obrero, más que, de bondad, dependía de indiferencia por su trabajo, de no sentir el aplauso del público, y tampoco notaba que si a los obreros les faltaba la envidia, les faltaba también, en general, el sentimiento del valor, de la dignidad y de la gratitud.

—Aquí se está bien —dijo el *Libertario*—, ¿verdad?
—Sí.
—Podíamos reunirnos los domingos por la tarde; yo vivo por aquí cerca.
—Sí, hombre.
—Yo vendré con algunos amigos, que tienen ganas de conocerle. Todos han visto *Los Rebeldes*, y son entusiastas de usted.
—¿Son anarquistas también?
—Sí.

Salieron al paseo de Areneros por la taberna.
—Voy a ver el número de esta casa para decírselo a los amigos —dijo el *Libertario*.
—Pues no tiene número —replicó Juan—; pero tiene nombre: La Aurora.
—Buen nombre para una reunión de los nuestros.

Se despidieron. Juan marchó a casa de Manuel. En el cerebro del escultor comenzaba a germinar la idea de que había una misión social que cumplir, y que esa misión era él el encargado de llevarla a cabo.

Mientras Juan se reunía con sus nuevos amigos, Manuel trabajaba en la imprenta. Iban, poco a poco, viniendo los encargos.

Una vez, Manuel había dicho a la Salvadora:
—Quisiera hablar contigo despacio.
—¿Por qué no esperar a ver si salimos adelante? —le había contestado ella.

Y se entendieron sin más explicaciones, y los dos se pusieron a trabajar. Manuel, de noche, después de cerrar la imprenta, llevaba él mismo los encargos en una carretilla. Se ponía una blusa blanca y echaba a andar. Hay trabajos que parece que despiertan el pensamiento, y uno de ellos es empujar una carretilla. Al cabo de algún tiempo no se nota si uno lleva el carretón, o si es el carretón el que le lleva a uno. Así, en la vida, muchas veces no se sabe si es uno el que empuja los acontecimientos, o si son los acontecimientos los que arrastran a uno.

A Manuel, su vida pasada le parecía un laberinto de callejuelas que se cruzaban, se bifurcaban y se reunían sin llevarle a ninguna parte; en cambio, su vida actual, con la preocupación constante de allegar para echar el ancla y asegurarse un bienestar, era un camino recto, la calle larga que él iba recorriendo con el carretoncillo poco a poco.

El recuerdo de la Justa había quedado ya borrado para siempre en su memoria. Algunas veces, al pensar en ella, se preguntaba: «¿Qué hará aquella pobre mujer?».

Jesús seguía viviendo en su buhardilla y trabajaba en la imprenta con intermitencias.

Un domingo del mes de noviembre, después de comer, Jesús preguntó a Manuel:

—¿No vas a ir hoy a La Aurora? Vamos a tener junta.

—¿En dónde? ¿En la taberna de Chaparro?

—Sí.

—Yo no voy. ¿A qué?

—¡Qué burgués te estás haciendo! Allá estará tu hermano; va todas las noches.

—Le están haciendo la pascua a Juan, metiéndole en esas cosas de anarquismo, que no son más que memadas.

—¿Ya estás renegando también de la idea?

—Hombre, a mí la anarquía me parece bien, con tal que venga en seguida y le dé a cada uno los medios de tener su casita, un huertecillo y tres o cuatro horas de trabajo; pero para no hacer más que hablar y hablar, como hacéis vosotros, para llamarse compañeros y saludarse diciendo: «¡Salud!», para eso prefiero ser sólo impresor.

—Tú, con anarquía o sin anarquía, serás siempre un burgués infecto.

—¿Pero es que es necesario ser anarquista y emborracharse para vivir?

—Claro que sí, por lo menos tomar la vida de otra manera. Conque, ¿vienes o no a La Aurora?

—Bueno; iré a ver lo que es eso. El día menos pensado os van a meter a todos en la cárcel.

—¡Quia! Hay la mar de puertas en el solar ese. Jesús contó que hacía unos días habían estado unos polizontes, por una delación, en la taberna, y se encontraron con que no había nadie.

Entraron Jesús y Manuel en la taberna, y por la puerta de al lado del mostrador pasaron a un cuarto con un zócalo de madera y una mesa redonda en medio. Había ya diez o doce personas, y entre los conocidos de Manuel estaba el señor Canuto y Rebolledo. El cuarto era tan chico que no cabían en él. Iba viniendo más gente.

El *Libertario* llamó a Chaparro.

—¿No hay un sitio por ahí donde pudiéramos meternos? —le preguntó.

—No.

—En esa cosa con cristales que tienen ustedes, ¿no se podría entrar?

—¿En el invernadero? Allí no hay sillas, ni mesa, ni nada.

—Sí; pero ya ve usted. Aquí no cabemos. ¿Hay luz?

—No.

—Bueno; pues traiga usted unas velas.

Salieron al solar; estaba lloviendo a cántaros. Corriendo se metieron en el invernadero. El *Inglés* y el *Libertario* trajeron entre los dos una mesita, la pusieron en el centro y encima dos bujías metidas en dos frascos vacíos. No había sillas, y se fueron sentando, unos sobre un banco, otros en tiestos colocados del revés, y otros en el suelo. Tenía aquello un aspecto tétrico; la llama de las bujías temblaba a impulsos del viento, sonaba la lluvia densa y ruidosa en los cristales, y, al escampar, se oía el tintineo acompasado y metálico de las goteras. Sin saber por qué, todos hablaban bajo.

—Yo creo, compañeros —dijo Juan, levantándose y acercándose a la mesa—, que el que tenga algo práctico que decir debe levantarse y hablar. Hemos constituido este grupo de partidarios de la idea. Casi todos conocemos este sitio por el nombre de Aurora; como nuestro grupo debe tener un nombre, por si hay que relacionarlo con otras sociedades, propongo que desde hoy se llame Aurora Roja.

—¡Aceptado! ¡Aceptado!

La mayoría estuvo conforme. Algunos propusieron otros nombres, como Ravachol, Angiolillo. Ni Dios ni amo; pero, en general, todos fueron de parecer que se pasara a otro punto y quedase el nombre de Aurora Roja.

Luego de aclarado esto, se levantó un joven delgado, vestido de negro, y lanzó un verdadero discurso. ¿Qué había que hacer? ¿Qué fin había de perseguir el grupo designado con el nombre de Aurora Roja? Unos eran partidarios de la labor puramente individual; pero él encontraba que esta labor individual tenía un carácter poco revolucionario y era demasiado cómoda. Uno que no fuese escritor, ni orador, ni anarquista de acción, que no se reuniera ni se asociara, podía echárselas de anarquista tremendo y hasta podía serlo con la misma tranquilidad que un coleccionista de sellos. Además, no había peligro en esto.

—Y eso, ¿qué importa? —dijo Juan—; a nadie se le exige que sea valiente. Los actos de los anarquistas tienen más valor por eso, porque nacen de su conciencia y no de mandato alguno.

—Es verdad —dijeron los demás.

—Yo no lo niego; lo que yo quiero decir es que no necesitamos liebres con pie de león, y que sería conveniente un compromiso entre todos nosotros.

Mientras este joven defendía la necesidad de la asociación, Jesús explicó a Manuel quién era. Se llamaba César Maldonado, y era estudiante; había figurado entre la juventud republicana. Era hijo de un mozo de café, y había muchas probabilidades para creer que su anarquismo era una manera de vengarse de la posición humilde de su padre. En el fondo, el joven aquel era un presuntuoso, lleno de esa soberbia jacobina que sabe disimular las bajas pasiones con grandes frases.

A su lado, y defendiendo todas sus ideas, había un vascongado, alto y ancho, cargado de espaldas, que se llamaba Zubimendi, hombre triste, con unos puños formidables, que no hablaba apenas, que había sido pelotari, y últimamente se dedicaba a servir de modelo.

—Para formar una asociación habrá que hacer un reglamento, ¿no es eso? —preguntó el *Libertario*, levantándose.

—Según —contestó Maldonado—. Yo no creo que deba haber reglamento; basta un lazo de unión; pero lo que sí considero indispensable es poner un límite al ingreso en el grupo y otorgar ciertas prerrogativas para los directores; pues si no, los elementos extraños podían llegar hasta cambiar el objeto que perseguimos.

—Yo —replicó el *Libertario*—, soy enemigo de todo compromiso y de toda asociación que no esté basada en la inclinación libre. ¿Vamos a comprometernos a una cosa y a resolver nuestras dudas por el voto?, ¿por la ley de las mayorías? Yo, por mi parte, no; si hay necesidad de comprometerse y de votar, no quiero pertenecer al grupo.

—Hay que ser prácticos —replicó Maldonado.

—Si yo fuera práctico, hace tiempo hubiese puesto una casa de empeños.

Se levantó un hombre alto, delgado, rubio, picado de viruelas, de aspecto enfermizo, con el bigote fino y bien cuidado, y se acercó a la mesa.

—Compañeros —dijo, sonriendo.

—¿Quién es éste? —preguntó Manuel a Jesús.

—El *Madrileño*, un chico listo que trabaja en el Tercer Depósito.

—Compañeros: A mí me parece que vuestro pleito se puede resolver con mucha facilidad. El que quiera asociarse y comprometerse, que lo haga; el que no, que lo deje.

Excepto tres o cuatro partidarios de Maldonado, que defendieron la utilidad del compromiso, los demás no quisieron asociarse.

—Entonces, ¿para qué reunirnos? —preguntó uno de los amigos del estudiante.

—¿Para qué? —contestó Juan—; para hablar, para discutir, para prestarnos libros, para hacer la propaganda, y si llega el momento de ejecutar, individual o colectivamente, cada uno hará lo que su conciencia le dicte.

—Yo, por mi parte, estoy conforme con esto —dijo el *Libertario*—. Que cada cual sea responsable de sus actos. No podemos aceptar una solidaridad con nadie desde el momento que todavía ni siquiera nos conocemos... De manera que el que quiera reunirse libremente, el domingo que viene aquí estaremos.

Se levantaron todos.

—Bueno, vamos —dijo uno—; que ha dejado de llover.

Salieron al solar, que estaba encharcado, y se despidieron, dándose fuertes apretones de manos.

—¡Salud, compañero!

—¡Salud!

Y en todos ellos se notaba cierta alegría de jugar a los revolucionarios...

El mismo Manuel, a pesar de su aburguesamiento, sintió el atractivo de aquella reunión, y al domingo siguiente estaba en la Aurora fraternizando con los compañeros.

Formaron la peña en la tejavana de uno de los juegos de bolos, que no se utilizaba. Cada domingo se podía hablar libremente. Cada domingo se iba haciendo el grupo más numeroso; se habían comprado folletos anarquistas de Kropotkine, de Reclús y Juan Grave, y pasaban de una mano a otra. Ya comenzaban a hablar todos con cierta terminología pedante, entre sociológica y revolucionaria, traducida del francés.

En el grupo se manifestaron pronto tres tendencias: la de Juan, la del *Libertario* y la del estudiante César Maldonado. El anarquismo de Juan tenía un carácter entre humanitario y artístico. No leía Juan casi nunca libros anarquistas; sus obras favoritas eran las de Tolstoi y las de Ibsen.

El anarquismo del *Libertario* era el individualismo rebelde, fosco y huraño; de un carácter más filosófico que práctico; y la tendencia de Maldonado, entre anarquista y republicana radical; tenía ciertas tendencias parlamentarias. Éste último quería dar a la reunión aire de club; pero ni Juan ni el *Libertario* aceptaban esto; Juan, porque veía una imposición, y el *Libertario*, además de esto, por temor a la Policía.

Una última forma de anarquismo, un anarquismo del arroyo, era el del señor Canuto, del *Madrileño* y de Jesús. Predicaban éstos la destrucción sin idea filosófica fija, y su tendencia cambiaba de aspecto a cada instante, y tan pronto era liberal como reaccionaria.

El primer domingo, en la reunión del juego de bolos, el señor Canuto llevó la voz cantante. El señor Canuto había sido uno de los entusiastas de La Internacional, y cuando la escisión de los partidarios de Marx y de los de Bakunin, el señor Canuto se había puesto al lado de Bakunin. Había saludado con entusiasmo la Commune, creyendo que venía con ella la revolución social; después tuvo sus ilusiones con el levantamiento de Cartagena; luego, todas las asonadas, todos los motines, pensó que iban a traer la gorda; hasta que al último, desesperanzado ya, no quería oír hablar de nada. Era de los entusiastas de Pi y Margall; había conocido al caballero Fanelli, a Salvochea, a Serrano, a Mora, y recordaba una porción de frases extravagantes de Teobaldo Nieva, el autor de la *Química de la cuestión social*.

Las historias del señor Canuto tenían para todos cierto carácter arcaico, y no llegaron a interesar. Hablaba de cosas pasadas, de artículos de *El Condenado* y de *La Solidaridad*, y de las épocas en que él había tenido gran mano en las cuestiones de los anarquistas.

Apenas estaba enterado de las corrientes modernas, y la fama de Kropotkine y Grave, cuyos libros no había leído, le parecía una usurpación cometida en contra de Fourier, Proudhon y otros. Es verdad que tampoco había leído las obras de éstos; pero sus nombres le sonaban.

Él quería su anarquía, la de su tiempo, la de Ernesto Álvarez, sobre todo. Estas últimas cosas catalanas, como decía él con cierto desdén, le molestaban.

No tuvo esta segunda reunión el mismo atractivo que la primera, y muchos salieron aburridos. Con el objeto de avivar el interés, se anunció para el domingo siguiente que se discutirían puntos de la doctrina, y que Maldonado y Prats contestarían a las objeciones que se les hicieran.

—Este Prats, ¿quién es? —preguntó Manuel al *Madrileño*.

Se lo presentó. Era un hombre bajo, barbudo, con una cara de pirata berberisco, de un color bronceado, con rayas y vetas negruzcas. Tenía este hombre pelos en toda la cara, alrededor de los ojos, en la nariz aguileña, en las orejas. Con su aspecto terrible, su manera de hablar bronca, las manos de oso, peludas y deformes, imponía.

—¿Vendrás el domingo, compañero? —le dijo a Manuel después de saludarle.

—Sí.

—Entonces, hasta el domingo.

Y se dieron un apretón de manos.

—Vaya un tipo —dijo Manuel.

—No es tan tremendo como parece este Rama Sama —añadió el *Madrileño*—. En fin, veremos si el domingo esto se anima.

Salieron Manuel y el *Madrileño*. Era el *Madrileño*, por lo que les oyó decir Manuel, hombre burlón y paradójico, y que tenía un gran fondo de malicia. Su tipo de anarquista, según aseguraba, era Pini el estafador, y le encantaba que unos ladrones hubiesen dado dinero a Juan Grave. A Manuel le pareció que debía de ser un hombre capaz de sacrificarlo todo por una frase ingeniosa o por un chiste.

El *Madrileño*, había sido amigo de Olvés, de Ruiz y Suárez, autores de una explosión en la Huerta, el hotel donde vivía Cánovas.

—Paco Ruiz era un hombre de buen corazón —le dijo a Manuel—. Si yo hubiera estado en Madrid, no hubiese hecho la barbaridad de poner la bomba en casa de Cánovas.

—¿Y no hizo daño a nadie con la bomba? —le preguntó Manuel.

—A nadie más que a él, que murió.
—¿Y cómo no se pudo escapar?
—Se pudo escapar. Verás lo que pasó: él llevaba una botella de pólvora cloratada, la puso delante de la verja del hotel y encendió la mecha. Cuando se retiraba, vio que iba a entrar una criada con unos niños. Inmediatamente Paco volvió, recogió la botella y en la mano le estalló; le arrancó el brazo la explosión y lo dejó muerto.

El *Madrileño*, conocido de la Policía como amigo de anarquistas, había sido víctima de un seudocomplot de la calle de la Cabeza, y había estado algunos meses preso.

II

El Derecho. — La Ley. — La Esclavitud. — Las vacas. Los negros. — Los blancos. — Otras pequeñeces.

El domingo siguiente llegó Manuel tarde a la reunión; hacía un hermoso tiempo de invierno, y Manuel y Salvadora lo aprovecharon para pasear.

Cuando entró Manuel en el juego de bolos, la discusión estaba en el período álgido.

—Qué tarde —le dijo el *Madrileño*— te has perdido; la gran juerga; pero, en fin, todavía continúa.

Las caras estaban congestionadas.

—¿Quiénes son los que discuten?

—El estudiante, Prats y ese jorobado amigo tuyo.

El jorobado era Rebolledo.

—Lo que proclamamos nosotros —decía el estudiante Maldonado con voz iracunda— es el derecho al bienestar de todos.

—Ése es el derecho que yo no veo por ninguna parte —replicó Rebolledo padre.

—Pues yo, sí.

—Pues yo, no. Para mí, tener derecho y no poder es como no tener derecho. Todos tenemos derecho al bienestar; todos tenemos derecho a edificar en la

Luna. ¿Pero podemos? ¿No? Pues es igual que si no tuviéramos derecho.

—Se pueda o no se pueda, el derecho es el mismo —replicó Maldonado.

—Claro —dijo Prats.

—No; claro no —y el jorobado agitó enérgicamente la cabeza con vigorosos signos negativos—: porque el derecho de la persona varía con los tiempos y hasta con los países.

—El derecho es siempre el mismo —afirmó el grupo jacobino.

—¿Pero cómo antes se podía hacer una cosa, por ejemplo, tener esclavos, y ahora no? —preguntó el jorobado.

—Porque las leyes eran malas.

—Todas las leyes son malas —afirmó rotundamente el *Libertario*.

—Las leyes son como los perros que hay en el Tercer Depósito —dijo con ironía el *Madrileño*—, ladran a los que llevan blusa y mala ropa.

—Si se suprimiera el Estado y las leyes —afirmó uno de los circunstantes—, los hombres volverían a ser buenas personas.

—Ésa es otra cuestión —repuso con desdén Maldonado—; yo le contestaba al señor —y señaló a Rebolledo—, y, ¡la verdad!, no recuerdo lo que decía.

—Usted decía —dijo el jorobado— que las leyes antiguas, que permitían tener esclavos, eran malas, y yo no digo que no; lo que sí afirmo es que si volvieran aquellas leyes volvería a haber el derecho de tener esclavos.

—No...; la ley es una cosa; el derecho es otra.

—Pero ¿qué es el derecho entonces?

—El derecho es lo que a cada uno le corresponde naturalmente como hombre... Todos tenemos derecho a la vida; creo que no lo negará usted.

—Ni lo niego ni lo afirmo...; pero que mañana vengan los negros, por ejemplo, a Madrid, y a éste quiero y a éste no quiero, empiecen a cortar cabezas; ¿qué hace usted con el derecho a la vida?

—Podrán quitar la vida, no el derecho a la vida —replicó Prats.

—¿De modo que estará uno muerto, pero tendrá derecho a la vida?

—Aquí, en Madrid, todo se resuelve con chistes —dijo el catalán, enfadado.

—No, no es un chiste; es una aplicación de lo que ustedes dicen.

—Es usted un reaccionario.

—Yo discuto como puedo. Presento mis argumentos y, por ahora, no me han convencido.

—¿Pero es que usted no cree —gritó Maldonado— que todo el que nace tiene derecho a vivir?

—No sé —contestó el jorobado—; las vacas también nacen y deben tener derecho a vivir, pero, a pesar de esto, las matamos y nos las comemos en *bistecs*; es decir, se las comen los que tienen dinero.

Se echaron todos a reír.

—Es que se va de la cuestión —dijo Prats.

—No —replicó el jorobado—, es que a mí las pamplinas me hacen la santísima, ¿sabe usted?, y aquí se habla mucho, pero no se dice *na*. Todos esos derechos que ustedes dicen, yo no los veo por ninguna parte, y *pa* mí todo eso de los derechos es hablar de la mar. Es como si a mí me quisieran demostrar que tengo derecho a quitarme la joroba. Yo creo que estas cosas las hacen las circunstancias, y pondré un ejemplo: Que tengo que pasar una botella de vino por las puertas y me la ven, que yo haré que no me la vean, y me piden el consumo, y yo ¿qué hago? Pagar. ¿Por qué? Porque tienen el derecho de exigirme el pago; pero que mañana suprimen los consumos, pues no me pueden pedir ni una perra gorda, aunque traiga un bocoy, porque ya no tienen derecho de exigirme nada. Yo encuentro esto más claro que el agua. El hombre vive si puede, y si no puede se muere, y al que se muere le entierran, y no hay más derecho ni más filosofía que eso.

—Así, echándolo todo a rodar, no hay discusión posible —dijo Maldonado.

—Yo encuentro que tiene razón —exclamó el *Libertario*.

—Sí, desde su punto de vista, sí —añadió Juan.

—De esa manera de pensar —repuso el *Libertario*— son la mayoría de los españoles. En un pueblo donde hay un cacique no se pregunta si el cacique tiene razón o no tiene razón, sino si tiene fuerza. Es el más fuerte..., pues tiene razón... Es la ley natural..., la lucha por la vida.

El jorobado quedó algo engreído de su triunfo y, sin duda, no quiso quedar ante el auditorio como un negador sistemático, y con cierta modestia añadió al cabo de un rato:

—Yo no sé de estas cuestiones nada, hablo al buen tuntún...; ahora hay cosas que me parecen bien, como lo que se ha dicho antes, de repartir el trabajo entre todos y hasta eso de suprimir la herencia.

—Pero si niega usted los principios, ¿con qué derecho va usted a impedir que el hijo herede al padre? —preguntó Maldonado.

—Pondría una ley que lo prohibiera. A mí me parece natural que todos los hombres tengan al empezar su vida medios idénticos de trabajo; luego, el listo y el trabajador que vayan arriba; el holgazán, que se fastidie.

—Con la anarquía no habrá holgazanes —dijo Prats.

—¿Y por qué no?

—Porque no; porque la holgazanería es un producto de la organización social de hoy; suprima usted ésta, y ya no habrá holgazanes.

—¿Por qué?

—Porque nadie tendrá interés en no trabajar, como no habrá avaros tampoco.

Se entabló entonces un diálogo vivo entre Prats y Rebolledo.

—¿Y el que guarde dinero? —preguntó el jorobado.

—No habrá dinero, ni propiedad, ni guardias para vigilar la propiedad.

—¿Y los ladrones?

—No habrá ladrones.

—¿Y los criminales?..., ¿los asesinos?

—No habrá criminales. Sin propiedad no hay ladrones ni gente que asesine para robar.

—Pero hay hombres que asesinan porque tienen mala sangre desde chicos.

—Esos son enfermos y hay que curarlos.

—Entonces, ¿las cárceles se convertirán en hospitales?

—Sí.

—¿Y le alimentarán a uno allá sin hacer nada?

—Sí.

—Pues va a ser el gran oficio el de criminal dentro de poco.

—Usted todo lo quiere tomar al pie de la letra —dijo Prats—. Esas cosas de detalles se estudiarán.

—Bueno; otra cosa. Los obreros, ¿qué vamos ganando con la anarquía?

—¿Qué? Mejorar la vida.

—¿Ganaremos más?

—¡Claro! A cada uno se le dará el producto íntegro de su trabajo.

—Eso quiere decir que a cada uno se le dará lo que merece.

—Sí.

—¿Y quién lo tasa? ¿Y cómo se tasa?

—¿No se ve claramente lo que uno ha trabajado? —dijo Prats, de mal humor.

—En el oficio de usted y en el mío, sí; pero en los ingenieros, en los inventores, en los artistas, en los hombres de talento, ¿quién les tasa el trabajo?

Esta exclusión de su persona entre los hombres de talento indignó al catalán, que dijo en un arranque de mal humor:

—Ésos, que vayan a romper piedra a la carretera.

—No —arguyó Maldonado—, que cada uno haga su obra. El uno dirá: «He escrito este libro»; el otro: «He cultivado este prado»; el otro: «He hecho este par de zapatos», y no será el uno superior al otro.

—Bueno —replicó Rebolledo—; pero aun suponiendo que el inventor no sea superior al zapatero, dentro de los inventores habrá uno que invente una máquina importante y otro que haga un juguete, y uno será superior al otro, y dentro de los zapateros habrá también unos buenos y otros malos, y unos superiores a otros.

—No, porque la idea de categoría habrá desaparecido.

—Pero eso no puede ser.

—¿Por qué no?

—Porque es como si yo le dijera a usted: «Este banco es mayor que esa brocha», y usted me dijera: «Mañana no lo será, porque vamos a suprimir los metros, las varas, los palmos, todas las medidas y no se verá si es mayor o menor».

—Es que usted todo lo mira tal como es ahora y no puede usted comprender que el mundo cambie en absoluto —dijo Maldonado con desdén.

—¡Sí, no lo he de poder comprender! Tan bien como usted. Yo no dudo de que tenga que variar; de lo que dudo es de que ustedes sepan cómo va a variar. Porque usted me dice que no habrá ladrones, no habrá criminales, todos serán iguales... no lo creo.

—No lo crea usted.

—Claro que no; porque si tuviera que creer en esos milagros por su palabra de usted antes hubiera creído en el Papa.

Maldonado se encogió de hombros y dijo algunas impertinencias respecto del barbero.

—Me ha convencido usted —le dijo Manuel al jorobado.

—Claro —exclamó el *Madrileño*, impaciente—, como que todas esas fórmulas son mamarrachadas. No hay más que una cosa: la revolución por la revolución, *pa* divertirse.

—Eso es —dijo el señor Canuto—; qué tanta teoría, ni tanta alegoría, ni tanta chapucería. ¿Qué hay que hacer? ¿Pegarle fuego a todo? Pues a ello, y a echar con las tripas al aire a los *burgantes*, y tirar todas las iglesias al suelo, y todos los cuarteles, y todos los palacios, y todos los conventos, y todas las cárceles... Y si se ve a un cura, o a un general, o a un juez, se acerca uno a él disimuladamente y se le da un buen *cate* o una *puñalá* trapera..., y adivina quién te dio... Eso es.

Prats protestó, diciendo que los anarquistas eran hombres dignos y humanos y no una partida de asesinos.

—¡Pero será este hombre mendrugo! —exclamó el señor Canuto, en el colmo del desprecio; luego, compadecido de las pocas luces de su interlocutor, le dijo—: Mire usted, pollo: antes que usted viniera al mundo me dolían a mí los molares de saber lo que es la anarquía; pero he visto algo en la vida —poniéndose el dedo índice junto al párpado inferior del ojo derecho—, más que muchos, y he cambiado de táctica militar. ¿Está usted enterado? Y me he convencido de que la cuestión está en echar el sello y no meter el zueco. ¿Me comprende usted? Pues bien; mi sistema actual es mismamente tan científico como un máuser. Echa usted el cañón para fuera y dispara... pum..., pum..., pum..., todas las veces que usted quiera; ahora, si pone usted el fusil apuntándose al pecho, es posible que se atraviese usted el corazón.

—No le entiendo a usted —dijo el catalán.

—¿No? —y el señor Canuto sonrió, mirando a su interlocutor con lástima—. ¡Qué le vamos a hacer! Quizá yo no dé pie con bola —y, haciéndose el humilde, continuó—: pero sí que me figuraba conocer un poquito de la vida y del *rentoy*. Pero vamos a cuentas. Si usted tiene una caballería o un niño, es igual para el caso, con úlceras escrofulosas, ¿qué hace usted?

—¡Yo qué sé! No soy veterinario ni médico.

—Usted tratará de que desaparezcan esas úlceras, ¿no es verdad?

—Claro.

—Y para esto puede usted hacer muchas cosas. Primera, intentar curar al enfermo: yodo, hierro, nueva vida, nuevo alimento, nuevo aire; segunda, aliviarle, limpiar las úlceras, desinfectarlas y demás; tercera, paliar o, lo que es lo mismo, hacer la enfermedad menos dura, y cuarta cosa, disimular las úlceras, o sea poner encima una capa de polvos de arroz. Y esto último es lo que usted quiere hacer con las úlceras sociales.

—Será verdad; a mí no me lo parece.

—¿No? Pues a mí, sí. Yo le daría a usted un consejo. No sé si se ofenderá usted. Eso es.

—No, señor; yo no me ofendo.

—Pues hágase usted socialista.

—¿Por qué?

—Porque eso que dice usted y hacerse *socialero* es lo mismo que ir a cazar a El Pardo con un morral muy grande, ¿sabe usted?, y una escopeta de caña. Eso es.

III

No hay que confiar en los relojes ni en la milicia. Las mujeres son buenas, aun las que dicen que son malas. — Los borrachos y los perros.

Comenzaba ya a encarrilarse la imprenta. El trabajo se iba regularizando; pero Manuel ni un momento podía dejar el taller. Así que si alguna diligencia tenía que hacer, la hacía de noche, después de cerrar la tienda. Jesús seguía viviendo en la casa sin trabajar y sin hacer nada. Por las tardes iba a ver al señor Canuto, a charlar con él; luego, cenaba, se acostaba, y al día siguiente aparecía a la hora de comer; muchas veces no se le veía el pelo.

—Jesús tiene dinero —le dijo una vez la Salvadora a Manuel—. ¿Qué hace? ¿Trabaja en algún lado?

—Que yo sepa, no.

—Pues tiene dinero.

—No sé cómo se las arreglará.

Una noche que Manuel fue a casa de un editor a entenderse con él para la publicación de unos libros se le hizo tarde, y al llegar a la plaza del Callao vio a Jesús parado en una esquina, borracho, sin poder sostenerse. Manuel pensó en seguir adelante sin ha-

cerle caso; pero luego le dio lástima y se acercó a él.
—¿Qué haces aquí? —le dijo.
—¿Quién es usted... para preguntarme a mí eso? —tartamudeó Jesús—. ¡Ah!, ¿eres tú? Estaba tomando el fresco.
—Tienes una curda indecente. Vamos a casa. Anda.
—¿Qué anda? ¿Qué?
—¡Cómo estás! No te puedes tener.
—¿Y a ti qué te importa? Tú no eres más que un cochino burgués..., eso..., y un avaro. Entre tu hermana y esa otra te han hecho un roñoso... y un mal compañero.
—Bueno; yo seré un burgués; pero no huelo que apesta, como tú.
—¿Pero a qué huelo yo? A vino, a vino...
Jesús decía «a vino» como si hubiera dicho a rosas.
—Eres un sinvergüenza —exclamó Manuel—, un borracho indecente.
—¿Tú sabes por qué me emborracho yo? ¿Tú sabes? Porque tengo un ansia muy grande; porque tengo una sed...
—Sí, una sed de vino y aguardiente.
—¿Pero para qué hablo yo con hombres que no me comprenden?... Soy un huérfano...
—Mira, no me vengas con cosas de zarzuela. ¡A casa!
—¿A casa?... No quiero. Mira, Manuel, yo no sé qué tengo más grande: si el cerebro o el corazón...; porque mira que yo tengo cerebro...
—Yo creo que lo que tú tienes mayor es la *asaúra*.
—Pues aún tengo mayor el estómago, ¡gracioso! Y a mí no me vengas tú con esos ratimagos de chulo,

¿sabes?, porque tú serás un buen tipógrafo, pero de gracia madrileña... no tienes ni tanto así.

—Ni me importa.

—Y tú, ¿por qué no te emborrachas?

—Porque no quiero.

—Porque no quieres, ¿eh?... Te conozco, lebrel... Tú tienes una tristeza muy honda...

—Sí; soy un pobre huerfanito, como tú.

—No...; tú no eres más que un burgués..., y la otra tiene la culpa..., porque antes eras un buen compañero...; pero la otra te domina, y tú ya no sabes hacer nada sin ella.

—Bueno, hombre; me domina, ¿qué le vamos a hacer?

Al llegar a una taberna de la calle Ancha, Jesús se detuvo, se apoyó de espaldas a la pared y afirmó rotundamente que no se iba de allí aunque le mataran.

—¡Anda, no seas estúpido! —le dijo Manuel—. Te voy a hacer andar a patadas.

—Pégame; pero no me voy.

—¿Pero qué quieres hacer?

—Tomar aquí unas copas.

—Bueno; tómalas.

En esto pasó de prisa una mujer. Jesús se abalanzó sobre ella; la mujer comenzó a chillar, asustada.

—Está borracho; no le haga usted caso —le dijo Manuel, interponiéndose entre los dos.

—¿Y qué? —replicó Jesús—. La convido a cenar. ¿Quieres venir a cenar conmigo, prenda?

—No.

—¿Y por qué no?

—Porque tengo que ir a casa.

—¿A casa a las dos de la mañana? ¿A qué?
—¿Pero son las dos? —preguntó la muchacha a Manuel.
—No debe faltar mucho.
Pasaron por delante de la Universidad y miraron al reloj. Eran las dos en punto. La muchacha quedó asombrada y vacilante, luego se decidió y se echó a reír. Estaba algo alegre y tenía la blusa con las puntillas rotas y manchadas de vino. Contó que había ido con su novio, que era sargento, y con otra amiga, con su correspondiente galán, a los Cuatro Caminos. Allí, los novios les habían hecho beber a las dos hasta emborracharlas; luego las engañaron diciéndoles que eran las seis cuando daban las nueve y que eran las nueve cuando daba ya la una. Ella estaba sirviendo y pensaba llegar a una hora regular a casa; pero ya que no podía le tenía todo sin cuidado.
—¿Y qué vas a hacer? —le preguntó Manuel.
—Dejaré la casa y buscaré otra.
—Lo que vamos a hacer —dijo Jesús— es irnos los tres a cenar ahora mismo.
—Bueno; vamos donde queráis —exclamó la muchacha, y se agarró del brazo a Manuel y a Jesús.
—¡Bravo! —gritó Jesús—. ¡Olé por las mujeres valientes!
Manuel vaciló; le esperarían en casa... Aunque ya se habrían acostado.
—Un día es un día —exclamó—. Vamos allá.
Además, la muchacha era agradable, con la nariz respingona, abundante de pecho y de caderas.
—¿De modo que vas a dejar a tus amos? —preguntó Manuel.

—¡Qué voy a hacer!

—Bien hecho —gritó Jesús—; deja a los amos...; que les sirva su señora mamá... ¡Mueran los burgueses!

—Calla —exclamó Manuel—; van a venir los guardias.

—Que vengan... Yo me río de los guardias municipales..., y de los guardias civiles..., y de los guardias de Orden público... Y yo le digo a esta mujer, que es un cachito de gloria, que hace bien en ir a los Cuatro Caminos... con el sargento, con el soldado o con quien le dé la gana... Todos somos libres... Pues, ¡qué!, ¿las amas no tienen también sus líos?... ¿Verdad, corazón?

—Ya lo creo.

La muchacha cogió estrechamente del brazo a Manuel.

—Y tú, ¿no dices nada?

—Que tienes una espetera, que ya, ya.

—Mientras más gracia dé Dios, ¡mejor! —replicó ella, riendo—. ¿Cómo te llamas?

—Manuel.

—¿Y qué eres?

—Éste —saltó Jesús—, éste es un cochino burgués..., que quiere hacerse rico... para casarse con una mujer... y poner entre los dos una casa de préstamos... ¡Ja..., ja!...

—No le hagas caso —dijo Manuel—, no sabe lo que se dice. ¿Cómo te llamas tú?

—Yo, Paca.

—¿Estás sirviendo de veras?

—Sí.

Varias veces, Jesús trató de coger a la muchacha por el talle y de darle un beso.

—Bueno; si éste me agarra, me voy —dijo ella.

Jesús, ofendido, comenzó a insultarla.

—A mí lo que me sobran son mujeres más guapas que tú..., ¿sabes?... Y tú no eres más que una fregona..., y yo tengo siempre cinco duros en el bolsillo *pa* tirarlos...; y ése que va contigo es un gallina..., y si no, que salga..., porque le voy a romper un ala.

Manuel se volvió y cogió de un brazo a Jesús.

—Si es una broma —dijo éste—. Parece mentira que te pongas así por una broma. ¡Si a mí me gusta que vayas con ella, hombre! ¡Si yo no soy un ganguero, como tú! Y ahora voy a convidar yo a otra y nos iremos a cenar.

Efectivamente, invitó a una mujer, y los cuatro entraron en una taberna de la calle del Horno de la Mata, que estaba llena, y pasaron a un cuartito precedidos de un muchacho con un mandil azul.

—¿Qué desean los señores? —preguntó éste.

—Tráete —le dijo Jesús— dos raciones de pescado frito, chuletas asadas para cuatro, queso, y que manden por unos cafés... ¡Ah!, y mientras tanto, a ver si hay por ahí unas aceitunas y una botella de vino blanco.

«Todo esto lo voy a tener que pagar yo», pensó Manuel.

Sirvieron las aceitunas y el vino, y Jesús llenó las copas. La mujer que había venido con Jesús era pálida, con el pelo negro y lustroso, peinado como un casco. Contempló a la criada con curiosidad.

—¿Tú no eres de la vida? —le dijo.

—¿Cómo? —preguntó la muchacha.

—No —saltó Manuel—; es una chica que está sirviendo. Oye —y Manuel atrajo hacia sí a la Paca—, ¿qué te suelen decir los amos?

—¡Tantas cosas!

—Y tú, ¿qué les contestas?

—¿Yo?... Pues según.

—¡Bah! —murmuró Manuel—, ya veo que ese sargento no ha sido el primero.

La muchacha se echó a reír a carcajadas. La otra mujer se quitó de la cintura el brazo con que Jesús la estrechaba.

—No seas pelma —le dijo.

La mujer aquella tenía la tez marchita, los ademanes tímidos. Había en ella cierta dignidad que indicaba que no era de las nacidas con vocación para su triste oficio. En los ojos negros, en el rostro prematuramente arrugado, se leía la fatiga, el insomnio, el abatimiento, todo esto amortiguado por un velo de indiferencia y de insensibilidad.

—¿De manera que tú estás sirviendo? —preguntó la mujer pálida a la criada.

—Sí.

—¿Qué edad tienes?

—Dieciocho años.

—Yo tengo una hija que tiene quince.

—¿Usted?

—Sí.

—No parece que tenga usted edad bastante.

—Sí, soy vieja; he cumplido ya treinta y cuatro. La chica está en Ávila, con mis padres. Yo, claro, no quiero que venga conmigo, y los abuelos suyos son pobres. Cuando tengo algún dinero se lo envío.

Jesús se puso serio y comenzó a preguntarle por su vida.

—Hace un año tuve un hijo y me lo tuvieron que sacar con unos ganchos —siguió contando la mujer, mientras cortaba la carne con el cuchillo—. Desde entonces estoy mala; luego, hace unos meses, he tenido el tifus, me llevaron al Cerro del Pimiento, y allí me quitaron toda la ropa que tenía. Salí tan desesperada, que quise matarme.

—¿Se quiso usted matar? —exclamó la criada.

—Sí.

—¿Y qué hizo usted?

—Cogí las cabezas de unos fósforos, las eché en un vaso de aguardiente hasta que se deshicieron y lo bebí. ¡Me entraron unos dolores!... Vino un médico y me dio un vomitivo. Luego, durante cuatro o cinco días echaba el aliento en la oscuridad y brillaba.

—¿Pero tan desesperada estaba usted? —preguntó la criada.

—Tú no sabes cómo vivimos nosotras. ¿Ves? Hoy yo no gano; pues mañana tengo que empeñar esta blusa, y si me ha costado tres duros me dan por ella dos pesetas. Luego, a los hombres les gusta hacer sufrir a las mujeres... Créeme, hija, sigue sirviendo; por muy mal que estés, no estarás peor que así...

Jesús dijo que se había puesto malo y salió del cuarto.

—¿Y no podría usted encontrar algún trabajo? —preguntó Manuel a la mujer.

—¿Yo? ¿Adónde voy? No tengo fuerza..., estoy *anemia*. Además, está una acostumbrada a hablar mal y beber y la conocen a una lo que es en seguida. Si tuviera salud me hubiera puesto a nodriza. Todavía tengo leche. Con tu permiso, rubia —dijo a la criada, y se desabrochó la blusa, sacó el pecho y apretó la ubre con los dedos—. Ahora, que esto debe de estar envenenado —añadió—. Si yo pudiera colocar a mi hija en un taller o en una buena casa, ya no me importaría nada. Porque cuando se empieza la vida mal...

La conversación tomó entre los tres un giro tétrico y se contaron sus respectivas lástimas. De pronto se oyó la voz de Jesús, que gritaba:

—¡Socorro! ¡Socorro!

—¿Qué le pasa a este hombre? —preguntó Manuel, y salió al pasillo de la taberna.

—¡Socorro! ¡Socorro! —seguía gritando Jesús.

Manuel se encontró en el corredor con el mozo de la taberna.

—¿Qué hay? —le dijo.

—No sé; su compañero debe de ser; hace un momento me ha preguntado dónde estaba el retrete; no sé qué le habrá pasado.

Entraron en la cocina de la taberna.

—Dejadme salir —gritaba Jesús—. ¡Socorro! ¡Socorro! Que me han cerrado la puerta.

Y se oía un estrépito de puñetazos y patadas.

—Pero si la puerta está abierta —dijo el muchacho; y, efectivamente, la abrió, y salió Jesús espantado de dentro.

Manuel no pudo menos de soltar una carcajada al ver a Jesús manchado de yeso, con los pelos alborotados, lleno de espanto.

Jesús abrió y cerró la puerta del retrete varias veces para convencerse de que estaba abierta y no replicó.

—Vamos a tomar café y andando —dijo Manuel— que ya es tarde. A ver qué se debe —preguntó al mozo.

—A ti no te importa lo que se debe —exclamó Jesús—, porque esto no lo paga nadie más que yo.

—¿Pero tienes *jierro*?

—Mira —y Jesús enseñó cinco o seis duros a Manuel.

—¿Pero de dónde sacas ese dinero?

—¡Ah! Eso no se puede decir...; eres muy curioso.

—Yo creo que el señor Canuto y tú os dedicáis a hacer moneda falsa.

—¡Je..., je! Tú lo que quieres es averiguar mi secreto..., pero nones.

Tomaron el café, bebieron unas copas de aguardiente y salieron de la taberna, Jesús con la mujer pálida y Manuel con la criada.

—¿Adónde quieres ir? —preguntó Manuel a ésta.

—Yo, a mi casa.

—¿No quieres venir conmigo?

—No; yo no soy una perdida. Usted, ¿qué se ha figurado?

—Nada, mujer, nada. Vete a donde te dé la gana. ¡Adiós!

La muchacha se detuvo; luego llamó:

—¡Manuel!

—Anda a paseo.

—¡Manuel! —volvió a llamar.

—¿Qué quieres?

—El domingo que viene, espérame.

—¿En dónde?

—En casa de mi hermana.

La muchacha dio las señas de su casa.

—Bueno. ¡Adiós!

La muchacha le presentó la mejilla; Manuel la besó. Trató de abrazarla; pero ella huyó riendo. Cuando Manuel llegó a su casa, la Salvadora estaba cosiendo aún: *Roch*, acurrucado en la mesa debajo de la lámpara, dormía; por las maderas entreabiertas del balcón se filtraba la claridad triste de la mañana.

—¿Has estado hablando con ese señor hasta ahora? —preguntó la Salvadora.

—No.

Y contó lo que había pasado con Jesús.

Como era ya de día, Manuel no se acostó. Al salir, camino de la imprenta, vio a Jesús sentado en un portal de la calle de San Bernardo; un perro vagabundo le lamía las manos, y Jesús lo acariciaba y le dirigía largos discursos.

IV

El inglés quiere dominar. — Las razas. — Las máquinas. Buenas ideas, bellos proyectos.

Una tarde lluviosa de febrero, Manuel había encendido la luz en su despacho de la imprenta cuando se detuvo un coche a la puerta y entró Roberto.

—¡Hola! ¿Qué tal estás?

—Bien. ¿Y usted? ¿Qué le trae por aquí con un tiempo tan malo?

—Te traigo trabajo.

—¡Hombre!

—He encontrado a mi antiguo editor y, hablando de sus negocios, me he acordado de tu imprenta...

—De nuestra imprenta querrá usted decir.

—Es verdad, de nuestra imprenta. Se me quejaba de que le hacían sin cuidado los libros. «Yo conozco —le he dicho— a un impresor nuevo que trabaja bien.» «Pues dígale usted que venga», me ha contestado.

—¿Y qué hay que hacer?

—Unos libros con grabados, estadísticas y números. ¿Tú podrás tirar grabados?

—Sí, muy bien.

—Pues vete hoy o mañana a verle.
—Descuide usted; iré. ¡Ya lo creo! Tendré que tomar otro cajista bueno.
—¿Y qué? ¿Trabajas mucho?
—Sí.
—Pero ganas poco.
—Es que como los obreros están asociados, se imponen.
—Y tú, ¿no estabas asociado antes?
—Yo, no.
—¿No eres socialista?
—¡Psch!
—¿Anarquista, quizá?
—Sí; me es más simpática la anarquía que el socialismo.
—¡Claro! Como que es más simpático para un chico hacer novillos que ir a clase. ¿Y cuál es la anarquía que tú defiendes?
—No; yo no defiendo ninguna.
—Haces bien; la anarquía para todos no es nada. Para uno, sí; es la libertad. ¿Y sabes cómo se consigue hacerse libre? Primero, ganando dinero; luego, pensando. El montón, la masa, nunca será nada. Cuando haya una oligarquía de hombres selectos, en que cada uno sea una conciencia, entre ellos la libre elección, la simpatía, lo regirán todo. La ley sólo quedará para la canalla que no se haya emancipado.

Un cajista entró con el componedor y unas cuartillas en la mano a hacer una pregunta a Manuel.
—Iré luego —dijo éste.
—No, hombre; vete ahora —repuso Roberto.
—Es que quería oírle a usted.
—Me quedaré un rato todavía y filosofaremos.

Salió Manuel del despacho, y a los pocos minutos volvió y se sentó.

—Usted también es algo anarquista, ¿verdad? —preguntó a Roberto.

—Sí; lo he sido a mi manera.

—¿Cuando vivía usted mal, quizá?

—No. Eso no ha influido en mis ideas para nada. Puedes creerlo. Mi primer sentimiento de rebeldía lo experimenté en el colegio. Yo trataba de comprender lo que leía, de desentrañar el sentido de las cosas. Mis profesores me acusaban de holgazán porque no aprendía las lecciones de memoria; yo protestaba furioso. Desde entonces, todo pedagogo, para mí, es un miserable. Hasta que comprendí que hay que adaptarse al medio o aparentar conformidad con él. Ahora, por dentro, soy más anarquista que antes.

—¿Y por fuera?

—¡Por fuera! Si en Inglaterra llego a entrar en política seré conservador.

—¿De veras?

—¡Claro! ¿Qué haría yo en Inglaterra siendo anarquista? Vivir oscurecido. No; yo no puedo despreciar ninguna ventaja en la lucha por la vida.

—Pero usted ha resuelto ya su problema.

—En parte, sí.

—¿En parte? ¿Pues qué quiere usted más? Tiene usted el dinero que quiere; se ha casado usted con una mujer preciosa, bonísima...

—Aún queda algo que conseguir.

—¿Qué?

—El dominio, el poder. Si yo ya no deseara, estaría muerto. En la vida hay que luchar siempre; dos células lucharán por un pedacito de albúmina; dos tigres, por un trozo de carne; dos salvajes, por unas cuentas de vidrio; dos civilizados, por el amor o por la gloria...; yo lucho por el dominio.

—¿Y siempre habrá que luchar?
—Siempre.
—¿No cree usted que vendrá la fraternidad?
—No.
—¿No se podrá conseguir que deje de haber explotadores y explotados?
—Nunca. Viviendo en sociedad, o es uno acreedor o es uno deudor. No hay término medio. Actualmente, todo hombre que no trabaja, que no produce, vive de la labor de otro o de otros ciento; es indudable; cuanto más rico es, más esclavos tiene; esclavos que él no conoce, pero que existen. Y mañana sucederá igual; siempre habrá suplementos de hombres que suden por el sabio, por la mujer bonita, por el artista...
—Tiene usted unas ideas muy negras.
—No; ¿por qué? En el porvenir no puden suceder más que dos cosas: o que, a pesar de las leyes, que están hechas a beneficio de los débiles, de los inmorales, de los no inteligentes, sigan como hasta ahora dominando los fuertes, o que la morralla se imponga y consiga debilitar y acabar con los fuertes.
—Me chocan mucho las ideas de usted; quisiera verle discutir con el *Libertario*.
—¿Quién es el *Libertario*?
—Un amigo mío.
—No nos convenceríamos.
—¿Por qué?
—Porque cada uno es como es y no puede ser de otra manera. Yo soy una mezcla del individualismo

inglés de los manchesterianos y del individualismo español, agresivo y cabileño. En el fondo experimentamos todos la fatalidad de la raza. Tú no sabes por qué eres anarquista, y por qué, siéndolo, no tienes instinto de destrucción... A todos nos pasa lo mismo.

—No; a todos, no.

—A todos. Si el español es más individualista que el alemán, ¿crees tú que es por su gusto? No. Es un resultado del clima..., de la alimentación. Una fatalidad no tan clara, pero parecida, a la que hace el Jerez fuerte y el Rin suave.

—¿Pero hay anarquistas alemanes?

—Sí; como hay naranjos en Inglaterra y abetos en España.

—Bueno; pero las ideas, ¿no las pueden tener allí como aquí?

—Sí; pero las ideas son lo de menos. Tú serás un buen chico, de poca voluntad, de buenas intenciones, y lo serías igual siendo carlista, protestante o mahometano. Y es que debajo de las ideas están los sentimientos y los instintos, y los instintos no son más que el resultado del clima, de la alimentación, de la vida que ha llevado la raza de uno. En ti está toda tu raza, y en tu raza está toda la tierra donde ella ha vivido. No somos hijos de la tierra, somos la misma tierra, que siente y piensa. Se cambia el terreno de un país y cambian los hombres en seguida. Si fuera posible poner Madrid al nivel del mar, al cabo de cincuenta años los madrileños discurrirían de otra manera.

—Entonces, ¿usted da poca importancia a las ideas?

—Sí, muy poca. La inteligencia pura es en calidad

igual en todos los hombres. Un químico español y un químico noruego tienen que hacer un análisis y lo hacen lo mismo; piensan sobre su ciencia y piensan lo mismo; pero salen del laboratorio, y ya son distintos; el uno come mucho, el otro poco; el uno se levanta temprano, el otro tarde... Los obreros alemanes y los ingleses, que leen mucho más que los españoles y los italianos, no se hacen anarquistas, ¿por qué? ¿Porque no entienden las teorías? ¡Bah! Las comprenden muy bien; pero es que el alemán es, sobre todo, hombre de orden, bueno para mandar y para obedecer, y el inglés es hombre práctico que no quiere perder el tiempo... El español, no; es anarquista porque es perezoso; tiene todavía la idea providencial; es anarquista como mañana lo será el moro. Yo creo que para los meridionales, para todos estos mediterráneos medio africanos, lo mejor sería un Gobierno dictatorial, fuerte, que pudiera dominar el desconcierto de los apetitos y suplir la falta de organización que tiene la sociedad.

—¿El despotismo?

—El despotismo ilustrado, progresivo, que actualmente, en España, sería un bien.

—¡Obedecer a un tirano! Eso es horrible.

—Para mí, para mi libertad, es más ofensivo acatar la ley que obedecer a la violencia.

—Es usted más anarquista que yo —dijo, riéndose, Manuel—. ¿Usted cree de veras en esa dictadura?

—Si fuera posible que saliera un hombre, sería utilísima. Figúrate tú un dictador que dijera: voy a suprimir los toros, y los suprimiera; voy a suprimir la mitad del clero, y la suprimiera, y pusiera un impuesto grande sobre la renta, y mandara hacer carreteras y ferrocarriles, y metiera en presidio a los caciques que se insubordinan, y mandara explotar las minas, y obligara a los pueblos a plantar árboles...

—Eso ya no se puede hacer hoy, don Roberto.

—Sí, hombre, sí. Todo sería cuestión de tener fuerza.

—Las cosas pasadas, yo creo que ya no vuelven.

—¿Por qué no? Cada cosa puede tener varios momentos. El clan del celta, por ejemplo, era un gran atraso con relación a la ciudad del griego o del romano; pero es muy posible que dentro de unos cientos de años volvamos a vivir en una especie de clan. Cuando la energía eléctrica se pueda enviar a cientos de kilómetros y los medios de comunicación sean rapidísimos, ¿qué necesidad tendremos de vivir apiñados en calles estrechas? No; viviremos en agrupaciones, diez o doce familias que se quieren, que se conocen, formando una especie de clan en medio del campo y comunicados por tranvías y ferrocarriles con otros clanes. Y esto ya está pasando con las fábricas. Hace algunos años se produjeron las grandes aglomeraciones de fábricas; hoy se inicia una verdadera revolución en la vida fabril y en el maquinismo. En vez de marchar a la concentración se va a la difusión, y cuando la fuerza motriz se pueda transportar y distribuir con un precio económico, las grandes aglomeraciones de fábricas habrán desaparecido. Todo cambia, no hay nada definitivo, ni en el mundo físico ni en el moral. Este despotismo progresivo, hoy en España sería un bien.

—Quizá; lo seguro es que nosotros no lo veremos.

—Por lo menos es lo más probable. En fin, hemos

arreglado la sociedad y me marcho. No te olvides de ir a ver al editor.

—No, no me olvidaré.

—Bueno. ¡Adiós, Manuel!

—¡Adiós, don Roberto!

—Y eso de la anarquía tómalo como *sport*; no te metas demasiado.

—¡Oh! Yo lo tomo con mucha tranquilidad.

—Sí; pero siempre es malo significarse. Porque en esas ideas perseguidas por los Gobiernos no hay término medio: o es uno un desdichado, que no puede vivir, o es un granuja, que vive explotando a los demás, y las dos cosas deben de ser desagradables. ¡Vaya, adiós!

Roberto entró en su coche rápidamente, y los caballos comenzaron a trotar por la calle.

V

El buen obrero socialista. — Los esparcimientos de Jesús. — ¿Para qué sirven los muertos?

En vez de tomar un cajista, como había pensado, lo que hizo Manuel fue poner un regente, y no se arrepintió.

Manuel no tenía condiciones para la dirección; además, estaba rendido con el trabajo del taller y el corretear por las noches.

El regente que llevó Manuel a su casa tenía unos treinta y tantos años, era un hombre ilustrado, rechoncho, fuerte, con ideas socialistas. Se llamaba Pepe Morales.

Era el tipo del obrero inteligente y tranquilo, trabajaba muy bien, lo hacía todo con maña, no se impacientaba nunca y era puntual como un reloj. Desde que entró Morales, el trabajo en la imprenta comenzó a regularizarse.

Manuel podía estar después de comer algún tiempo charlando.

En el corral de la casa crecía un higuera achaparrada. La Salvadora y la Ignacia habían pedido al casero permiso para desempedrar el patio y hacer un jardincillo; en un rincón pusieron dos parras y otras plantas que el señor Canuto trajo de su huerta.

Los días de buen tiempo bajaban todos al corralillo, seguidos de *Kis* y de *Roch*. Las gallinas cacareaban; el gallo, petulante, con sus ojos como los botones de un pantalón, se contoneaba gallardo, y en la buhardilla se arrullaban las palomas...

A poco de estar en la imprenta, Morales, con su mujer y sus hijos, fue a visitar a Manuel. La mujer del regente era muy guapa e hizo grandes amistades con la Salvadora. Se contaron una a otra sus apuros y sus preocupaciones.

Manuel, mientras tanto, no adelantaba nada en sus negocios amorosos; había entre la Salvadora y él algo que los separaba. Muchas veces, Manuel, por la noche, al acostarse, se decidía a tomar una resolución para el día siguiente; pero se levantaba, y todos sus planes se le olvidaban; le parecía que los detalles menudos de la vida, interponiéndose en su camino, le impedían decidirse.

—Sin embargo —decía—, habrá que resolverse.

Algunas veces pensaba si la Salvadora guardaría algo en el fondo de su corazón, si estaría enamorada de otro y la observaba. Ella notaba la observación y le miraba, como diciendo: «No te oculto nada; soy así».

—En fin —murmuraba Manuel—; esperaremos a que se arregle la cuestión económica.

En ocasiones, sin que Manuel comprendiera el motivo, la Salvadora se ruborizaba y sonreía turbada...

Un día la Salvadora contó a Manuel algo extraño que había visto.

—Ayer, por la noche, estaba sin poder dormir cuando oí que en la buhardilla andaba Jesús. Escuché, y al poco tiempo sentí pasos muy ligeros en la escalera, como de un hombre que va descalzo, y después el ruido de la puerta de la calle. Me levanté, me asomé al balcón, y le vi a Jesús calle de Magallanes arriba. Eran las dos de la noche. Me fui a mi cuarto y estuve escuchando para ver si le oía al volver; pero me dormí. Hoy, la Ignacia ha sacado la ropa de Jesús para cepillarla, y las botas y los pantalones estaban llenos de tierra, como si hubiese andado por el campo.

—¿Adónde irá ese hombre? —preguntó Manuel.

—No sé; pero seguramente no irá a hacer cosa buena.

—Nos pondremos en acecho. Si otra vez le oyes que sale, llámame.

Días después, al mediar la noche, sin que nadie le llamara, Manuel se despertó. Se oía ruido arriba, en el cuarto de Jesús. Se incorporó en la cama y escuchó largo rato. Se oyeron pasos lentos, leves; después, el crujido de los peldaños de la escalera. Manuel se levantó, se vistió y se acercó a la puerta. El que bajaba en aquel momento salía a la calle. Manuel abrió el balcón, se asomó y vio a Jesús; luego bajó de prisa las escaleras; la puerta estaba entornada.

Adelantó Jesús por el oscuro callejón, convertido en un río de fango, y Manuel le siguió a larga distancia. La noche estaba oscura y temerosa; caía una lluvia fina y penetrante.

Al llegar al final del pasadizo que formaban las

tapias de la calle de Magallanes se oyó un silbido suave, que fue contestado por otro.

Al terminar la calle oscura, Jesús volvió hacia la izquierda, pasó al lado de la tapia derruida del cementerio, luego se detuvo, miró en derredor, por si le seguían, se encaramó en la cerca y desapareció. Al poco rato, otro hombre hizo la misma operación. Manuel esperó por si acaso.

Siguió esperando en su acechadero y, viendo que ya nadie aparecía, se fue acercando al sitio por donde saltaban. Tuvo la mala suerte de meterse en un barrizal. En los pies se iban formando pellas de barro y no avanzaba más que a duras penas. Llegó tras de mucho bregar al sitio aquel.

La tapia estaba allí rota, formando un boquete. Manuel se asomó. Se veía el cementerio abandonado, con algunas lápidas blancas que resplandecían a la vaga claridad de las estrellas.

No se oía nada. Juzgó Manuel que si se quedaba allí le podían descubrir; volvió sobre sus pasos y entró en un antiguo patio del cementerio, ya abierto y sin cerca, en donde se levantaban unas casuchas derruidas. Manuel recordaba que por allá había una puerta desvencijada que daba al camposanto. Efectivamente, la encontró; tenía grandes rajaduras y se puso a mirar por una de ellas al interior del cementerio.

En aquel punto sonaron las horas.

Por entre nubarrones apareció en el cielo la luna amarillenta y triste rodeada de un gran cerco; las nubes iban pasando rápidamente por delante de ella. De pronto, Manuel vio en el cementerio dos bultos; luego, el viento trajo un rumor lejano de voces.

—Tú vas con las letras de bronce a la calle del Noviciado —decía una voz—, y yo iré a la calle de la Palma.

—Bueno —contestó la otra voz.

—Y por la tarde, en el cafetín.

Ya no se oyó más; Manuel vio a la luz de la luna un hombre encaramado sobre el sitio derruido de la tapia y luego otro; después pasaron dos sombras rápidamente por el camino. Resonaron sus pasos recatados y se alejaron. Muy despacio, Manuel salió del escondrijo y regresó por la calle de Magallanes. En algunas ventanas brillaba la luz de algunos vecinos madrugadores. Manuel se acercó a su casa. La puerta estaba cerrada, pero el balcón había quedado abierto.

«Vamos a ver si tengo pulso», se dijo Manuel, y se encaramó por la reja del taller de Rebolledo hasta agarrarse al hierro del balcón; allá, con algún esfuerzo, logró subir. Cerró el balcón y volvió a acostarse...

Al día siguiente, Manuel contó a la Salvadora lo que pasaba. La muchacha quedó aterrada.

—¿Pero será verdad? ¿Habrás oído bien?

—Sí; estoy seguro. ¿Se ha levantado Jesús?

—No; creo que no.

—Bueno, pues cuando se levante dile a la Ignacia que le siga de lejos.

—Bueno.

Al volver Manuel a comer, la Salvadora le dijo que Jesús había ido con un saco oculto en la capa a una prendería de la calle del Noviciado.

—¿Ves como es verdad?

—Pues si le cogen le llevan a presidio.

—Hay que quitarle la llave y, además, asustarle.
—Mañana hablad de que se dice por ahí que roban en el camposanto.

En la comida, la Salvadora, de sopetón, dijo:

—Ha habido ladrones en los cementerios de al lado estas noches pasadas.

—¿Quién dice eso? —preguntó Jesús, inquieto.

—Eso han dicho en la calle unas mujeres.

—¿Pero qué van a robar ahí? Si no hay nada —murmuró Jesús.

—Pueden robar lápidas de mármol —replicó Manuel—, garras de ataúdes, crucifijos, lo que suele haber en los cementerios.

—¿Y para qué van a robar eso? —repuso Jesús cándidamente.

—¡Toma!, ¿para qué? Para venderlo.

—Esas cosas no valen nada. Ya sé yo por qué han dicho eso.

—¿Por qué?

—Porque habrán visto al chico ese que va a hablar con la hija del conserje.

—Yo también he oído —añadió la Ignacia— que en este camposanto se robaba. Hasta he oído contar que hace algún tiempo se sacó el cadáver de una niña.

—¡Bah!

—Sí; dicen que se presentó un señor en un coche delante de la puerta que hay cerca de las casillas. El señor y otro hombre entraron en el cementerio, rompieron un nicho, sacaron una caja, la llevaron al coche, la metieron dentro y salieron echando chispas hacia Madrid.

—¿Quién sería ese señor? —preguntó la Salvadora.

—Pero si todas esas cosas son mentiras y majaderías —exclamó Jesús, incomodado—. ¿Quién sabe que robaron ese muerto?

—La señora Jacoba, la que vive en una de las casas de la Patriarcal, lo decía —contestó la Ignacia.

—La señora Jacoba estaría idiota.

—No; pues hay hombres que desentierran los muertos para sacarles los untos —añadió la hermana de Manuel.

—Usted también es imbécil —gritó, furioso, Jesús—. ¿Usted cree que los muertos sirven para algo? Pues no sirven más que para oler mal.

—Bueno, no grites tanto —replicó Manuel—; que roban y que se han llevado muchas cosas del cementerio es verdad, y que han avisado a la Policía, también es verdad; ahora, lo del muerto, probablemente, será mentira.

Jesús se calló.

Con el pretexto de que se había encontrado una noche la puerta abierta, al día siguiente encargaron al cerrajero que pusiera una cerradura. Jesús no dijo nada hasta unos días después.

—¿Por qué se cierra la puerta ahora? —preguntó a Manuel.

—Para que no entre nadie.

—Bueno; dadme una llave a mí.

—No hay más que una.

—Mandad hacer otra.

—No puede ser.

—¿Por qué?

—Porque no queremos que andes en malos pasos.

—¿Qué malos pasos?

—Ya sabes lo que te quiero decir.

—No sé; no te entiendo.

—¡Bah! Sí me entiendes.
—Como no te expliques más claro.
—¿De dónde sueles tener el dinero que gastas?
—Hago mis combinaciones.
—¿Quieres que te diga una cosa?
—¿Qué?
—Que tus combinaciones huelen a cementerio que apestan.

Jesús palideció profundamente.
—Me has espiado, ¿eh? —dijo con voz débil.
—Sí.
—¿Cuándo?
—Hará unos ocho días.
—¿Y qué? ¿Qué has visto?
—He visto que tú, el señor Canuto y otros os vais a ganar el presidio.
—Bueno.
—Te advierto que está avisada la Policía.
—Ya lo sé.
—¡Parece mentira; el señor Canuto metido en eso! Yo que le creía una buena persona.
—¿Y qué? ¿No se puede ser una buena persona y aprovecharse de lo que no sirve para nadie? ¿Para qué quieren *ellos* el cobre, las lápidas, ni lo demás?
—Hombre..., para nada.
—¿Pues entonces...? La gente está llena de preocupaciones...
—Sí; pero eso de abrir una sepultura... es muy grave. ¡Rediez!
—Todos los días traen momias a los museos y las venden, y nadie se indigna.
—No es igual. Esas momias murieron hace tiempo.
—Y los chicos de San Carlos, ¿no abren a los

muertos *frescos* y les cortan las orejas y el corazón?

—Pero eso es para estudiar.

—Y lo nuestro para comer, que es más serio... Hacemos como Ravachol.

—¿También Ravachol se dedicaba a robar sepulturas?

—Sí; no tenía supersticiones, como vosotros.

—¿Y cuánto tiempo hace que desvalijáis ese cementerio?

—Cerca de un año.

—¿Y habéis apañado muchas cosas?

—¡Psch!..., la mar de porquerías...; lápidas de mármol, verjas, cadenas de hierro, asas de metal, crucifijos, bustos, candelabros, letras de bronce..., la Biblia en verso.

—¿Y dónde habéis vendido tanta cosa?

—En las prenderías. En un cafetín teníamos el centro de operaciones.

—Bueno; pues ya sabéis, la Policía anda rondando. Avísale al señor Canuto.

—No; si ya lo sabe.

Unos días después le dijo Jesús a Manuel:

—¿Quieres darme diez duros?

—¿Para qué?

—Para irme al moro.

—¿Al moro?

—Sí, voy a Tánger. Os dejaré en paz.

—¿Y qué vas a hacer allá?

—Eso es cuenta mía. ¿Tú me das el dinero?

—Sí, hombre; ahí tienes los diez duros.

—¡Gracias! ¡Que os vaya bien!

—¿Pero cuándo te vas?
—Hoy mismo.
—¿No quieres despedirte de la Salvadora?
—No; ¿para qué?
—Como quieras —le dijo Manuel fríamente.

VI

El francés que canta. — El protylo. — Cómo se llega a tener las ideas. — Sinfonía en rojo mayor.

Casi todos los domingos había presentación de un compañero en la Aurora Roja. Los dos más curiosos, por lo exótico, fueron un francés y un ruso.

El francés era un joven anguloso, torcido, raro, con los ojos bizcos, los pómulos salientes y una perilla de chivo.

Se presentó dando grandes apretones de mano y haciendo reverencias ceremoniosas a todos. Habló largamente de sus viajes de vagabundo. Él era el hombre de las carreteras; ninguno le entendía bien, parte porque hablaba incorrectamente el castellano y parte porque sus teorías eran incomprensibles.

—¿Y no tienes familia, compañero? —le preguntó alguno.

—Sí —contestó él—, pero quisiera ver a mi padre, a mi madre y a mis hermanos ahorcados en un jardín reducido.

Después de contar sus aventuras habló de que había visto a Ravachol y cantó la canción del *Père Duchesne,* a la cual el terrible anarquista había puesto letra, y que iba entonando al ir a la guillotina, en Montbrison.

Caruty, con las manos en la espalda, como si estuviera atado, y lanzando a derecha y a izquierda miradas de altivo desprecio, se puso a cantar:

Peuple trop oublieux
Nom de Dieu.

Ya se figuraba el francés que era Ravachol y que iba insultando a los burgueses. En la canción se le aconsejaba al pueblo que no fuera generoso, que no fuera militar, que tirara todos los cuarteles a tierra, y todo esto acentuado por vigorosos *Nom de Dieu.*

Luego, ya entrenado, Caruty cantó canciones socialistas y otras de café-concierto de Bruant y de Rictus...

Otro de los presentados fue un judío que se llamaba Ofkin. Era éste comisionista y viajaba por una casa de París y vendía toda clase de esencias y de perfumes. Era un fanático, muy frío y muy seco. Tenía el pelo castaño, la barba en punta, la mirada azul; era muy pálido; en el cuello se le notaban cicatrices escrofulosas; vestía levita larga y negra, pantalón claro y sombrero de paja pequeño flexible. Con esta indumentaria parecía un charlatán de feria. Hablaba una mezcla de castellano, de italiano y de francés.

Su conferencia fue de un carácter opuesto a la de Caruty.

La del francés, todo arte, y la del ruso, todo ciencia.

Para Ofkin, la cuestión social era una cuestión de

química, de creación de albuminoides por síntesis artificiales. Transformar pronto las sustancias inorgánicas en orgánicas: ésta era la base para resolver la lucha por la vida. Que tantos millones de hombres inorganizan tanta cantidad de sustancia orgánica, pues todo es cuestión de volver a organizarla. Esto, aseguró el ruso que se había hecho ya; se estaba trabajando en crear el protylo, una sustancia protoplasmática primitiva parecida al bathibyus de Haeckel, con vida y crecimiento. De aquí a la creación de la célula no había más que un paso.

El auditorio del juego de bolos no se entusiasmó con el protylo tanto como el judío ruso; se miraron todos, unos a otros, un poco asombrados. A Manuel le produjo el efecto de que la anarquía de aquel señor era también algún producto químico encerrado en un frasco.

Un domingo de abril, por la tarde, se habían reunido en el invernadero, huyendo de la lluvia, unos cuantos, y charlaban alrededor de la mesa.

—¿Y Maldonado? —preguntó Manuel al llegar y notar su falta.

—Ya no viene —dijo Prats.

—¡Hombre, me alegro!

—Todos dicen lo mismo —exclamó el *Madrileño*—. Maldonado es el tipo del republicano español. ¡Son admirables esos tíos!

—¿Por qué? —dijo el *Bolo*.

—Sí, hombre; odian a los aristócratas, porque no pueden ser aristócratas; se las echan de demócratas, y les molesta todo lo plebeyo; se las echan de héroes, y no han hecho ninguna heroicidad; se las echan de Catones, y el uno tiene una casa de juego, el otro una taberna... ¡Rediós! Así es muy fácil ser austero... Luego todos son absolutistas..., y toda su emancipación consiste en dejar de creer en el Papa para creer en Salmerón o en cualquier fabricante de frases por el estilo... A nosotros nos odian porque ya discurrimos sin necesidad de ellos...

—¡Qué mala intención tienes! —dijo el *Bolo*, que era anarquista con simpatías republicanas—. Hay que verles a ésos en el Congreso.

—Yo no he estado nunca en el Congreso —replicó el *Madrileño*.

—Ni yo —añadió Prats.

—Yo, sí —repuso el *Libertario*.

—¿Y qué? —le preguntaron.

—¿Vosotros habéis visto la jaula de monos del Retiro?... Pues una cosa parecida... Uno toca la campana, el otro come caramelos, el otro grita...

—¿Y el Senado?

—¡Ah! Ésos son los viejos chimpancés..., muy respetables.

—¡Qué guasón! —dijo el *Bolo*.

Siguieron hablando. Manuel aprovechó la clara para ir a su casa y preguntar a la Salvadora si pensaba salir, y viendo que no quería, volvió al juego de bolos. Hablaba en aquel momento el *Libertario*.

—¿Cómo se llega a tener las ideas? —decía—. ¿Quién lo sabe?... Hace ya algunos años, en París, se presentó una mañana en mi buhardilla un mocetón alto, fornido, afeitado, con cara de cura.

»—¿No me conoce usted? —me dijo con un acento andaluz cerrado.

»—No. Ya me figuro que debe usted ser paisano; pero no le conozco.

»—Pero ¿no se acuerda usted de Antonio, el hijo del sacristán del pueblo?

»—¡Ah..., ¿eres tú?, ¿y qué haces aquí?

»—Nada; vengo de Cardiff; he estado trabajando cerca de un año en las minas.

»—¿Y en el pueblo?

»—Aquello está muerto. Allá no se puede vivir.

»—¿Y qué piensas hacer?

»—Me voy a América. Tengo una recomendación para un capitán que hace la travesía de Burdeos a La Habana.

»Le llevé a mi restaurante; un agujero de Montrouge; un nido de anarquistas y revolucionarios rusos. Las mujeres se entusiasmaron con mi paisano por el aire bárbaro e ingenuo que tenía. La verdad es que el chico era simpático y modesto, lo que es bastante raro en un andaluz. Después de comer solíamos cantar todos a coro, hombres y mujeres. El dueño del tabernucho, Père David, nos suplicaba que no gritásemos, pero no le hacíamos caso y desde la calle se oían las canciones anarquistas.

»Había una que cuando le expliqué a mi paisano lo que significaba le entusiasmó; no la recuerdo ahora; hablaba de la dinamita...

—¿Sería ésta? —preguntó Caruty, y se puso a cantar:

Dame dynamite
que l'on danse vite
chantons et buvons
et dynamitons
dynamite, dynamite
dynamitons.

—Eso es —dijo el *Libertario*—. Eso de «dynamitons» entusiasmaba a mi paisano.

»—¿Qué quieren *éztos?* —me decía.

»—Derribarlo todo —le contestaba yo.

»—¿*To?*

»—¡Todo!... Monarquía, República, curas, reyes, obispos..., ¡todo abajo!

»—¡Qué *gachós!* —decía él, con una admiración de salvaje.

»Se fue con una de las mujeres del restaurante y le perdí de vista; unos meses después, cuando se comenzó la revisión del proceso Dreyfus, en París, a cada paso había alborotos en las calles. Un día los anarquistas organizaron una manifestación en la plaza de la República. A la cabeza iban Sebastián Faure y sus amigos. Se veían tipos raros, melenudos, con levitas largas y entalladas, gente pálida, de mirada triste...; luego venía una tropa que daba miedo, unos tíos de barbas, chillando, amenazando con el bastón y con los puños, y entre ellos aprendices de taller y gomosos elegantes..., una mezcolanza que ni Dios la entendía. Iban por el *boulevard* Magenta, hacia la estación de Estrasburgo. Un grupo llevaba una gran bandera roja, y tras él venían otros grupos cantando y gritando de cuando en cuando, pero muchas veces seguidas:

»—¡Viva Zola! ¡Viva Zola! ¡Viva Zola!

»Se oían también gritos chillones de «¡Viva la anarquía!», y el público comenzaba a correr asustado.

»En esto salieron de una bocacalle doscientos o trescientos municipales y como una cuña entraron entre los manifestantes, a puñetazos y a empujones, y cortaron la manifestación. Veinte o treinta cargaron sobre el grupo que llevaba la bandera e intentaron cogerla. La bandera retrocedió, anduvo si caigo o no caigo, inclinándose, levantándose... Yo me paré a ver en qué terminaba aquello.

»Ya iba a desaparecer la bandera entre la gente cuando de pronto se irguió de nuevo, los manifestantes se pusieron a cantar *La Marsellesa* como locos, cargaron sobre los guardias y los arrollaron. Toda la avalancha pasó gritando, vociferando, y se rehízo la manifestación. Yo me adelanté, cruzando unas callejuelas, hasta salir otra vez al bulevar.

»Al pasar junto a mí, iba la bandera roja desplegada, y la llevaba mi paisano el andaluz que marchaba en medio de una turba de exaltados. El muchacho me miró con los ojos como ascuas... Se alejaron. Desde alguna distancia, *La Marsellesa*, cantada por miles de personas, resonaba como una tempestad, y yo veía por encima de la multitud ondear la bandera roja, que brillaba, soberbia y triunfante, como una entraña sangrienta...

El *Libertario* dejó de hablar, los demás quedaron silenciosos.

En las pupilas de todos había como un destello siniestro, y en los labios contraídos una expresión de amargura. Afuera caía mansamente la lluvia suave de la primavera...

—Ése no era más que un sentimental —dijo de pronto Prats.

—¿Y qué? —preguntó Juan.

—Creía en la anarquía como en la Virgen del Pilar.

—En todo lo que se cree, se cree lo mismo —contestó Juan.

—Yo —dijo Skopos, que era un muchachito afeitado, grabador, hijo de un griego, vendedor de esponjas, y que acababa de ingresar en el grupo— conocí a Angiolillo en Barcelona; nos reuníamos unos cuantos en un cafetín próximo a la Rambla. Casi todos éramos anarquistas platónicos. Una vez, por cierto, dos de los más jóvenes del grupo, fueron a un club en donde había bombas, y cada uno cargó con la suya, y salieron a la calle. Anduvieron de un lado a otro sin saber dónde colocarlas. Contaban ellos que iban a una casa rica a poner la bomba, y el uno le decía al otro: «¿Y si hay chicos aquí?» Por último, fueron al puerto y tiraron las bombas al mar.

—¿Y Angiolillo? —preguntó Juan.

—Pues solíamos verle muchas veces. Era un tipo delgado, muy largo, muy seco, y muy fino en sus ademanes, que hablaba con acento extranjero. Cuando supe lo que había hecho, me quedé asombrado. ¡Quién podía esperar aquello de un hombre tan suave y tan tímido!

—¡Ése era también un sentimental! —exclamó Prats.

—Con muchos sentimentales así se hubiera hecho ya la revolución —repuso el *Libertario*.

—Para mí, el verdadero tipo del anarquista es Pallás —añadió Prats.

—¡Claro! Como que era catalán —dijo con sorna el *Madrileño*.

—Son los verdaderos anarquistas. No son borrachos como los franceses, ni traidores, como los italianos.

—¿Y los andaluces? —preguntó el *Madrileño*.

—¿Los andaluces? Son como los demás españoles.
—¡Cualquiera diría que vosotros no lo sois!
—Nosotros somos catalanes.
—¡Qué necedad! —exclamó el *Madrileño*.
—No —murmuró el *Libertario*—. Cada uno tiene el derecho de ser de donde le dé la gana.
—No; si yo no niego ese derecho —replicó el *Madrileño*—; yo lo que quiero decir es que si él no tiene ninguna satisfacción por ser paisano nuestro, nosotros no tenemos tampoco ningún entusiasmo por ser paisanos de los catalanes.
—Todos los españoles son dogmáticos y autoritarios —siguió diciendo el catalán, haciendo como que no oía la observación—; lo mismo los andaluces, que los castellanos, que los vascongados. Además, no tienen el instinto de la *revolta*...
—Me hace mucha gracia a mí este hombre hablando de gente autoritaria... —comenzó a decir el *Madrileño*.
—¿Y Pallás? —interrumpió Juan, comprendiendo que el *Madrileño* iba a decir algo desagradable para el catalán—. ¿Era templado Pallás?
—Sí, era..., ya lo creo.
—Se achicó también —dijo el *Madrileño*—, y aquí está el *Libertario,* que lo vio.
—Sí, es verdad —dijo el *Libertario*—; los últimos días en la cárcel se descompuso. Y era natural. Nosotros solíamos ir a verle, y nos hacía la apología de la idea. El último día, ya en capilla, estábamos despidiéndonos de él cuando entraron un médico y un periodista.
«Yo quisiera —dijo Pallás— que después de muerto llevaran mi cerebro a un museo para que lo estu-

diaran.» «Será difícil», le contestó el médico fríamente. «¿Por qué?» «Porque los tiros se los darán a usted, probablemente, en la cabeza, y los sesos se harán papilla.» Pallás palideció y no dijo nada.

—Es que sólo con la idea hay para ponerse malo —saltó diciendo Manuel.

—¡Pues bien valiente que estuvo Paulino al morir! —exclamó Prats.

—Sí, luego ya se animó —dijo el *Libertario*—. Le estoy viendo al salir al patio de la cárcel cuando gritó: «¡Viva la anarquía!»; al mismo tiempo, el teniente que mandaba la tropa dijo a sus soldados: «¡Firmes!», y las culatas de los fusiles, al dar en el suelo, apagaron el grito de Pallás.

Manuel tenía los nervios estremecidos; todos sentían una gran atracción, una acre voluptuosidad al escuchar aquellos relatos terribles. El señor Canuto hacía más gestos que de costumbre.

—¿Y por eso fue por lo que echaron la bomba en el teatro? —preguntó Perico Rebolledo.

—Sí —contestó Prats—; la venganza fue terrible; ya lo había dicho Paulino Pallás.

—Yo lo vi —saltó diciendo Skopos.

—¿Estabas dentro?

—Sí; fui al Liceo a ver al director de un periódico que me había encargado le hiciese unos dibujos. Tomé una delantera de paraíso, y busqué con la vista al director hasta que lo vi en una de las butacas. Bajé y me puse a esperarle en una puerta. Tardaba en acabar el acto, yo estaba atento a que saliera la gente, cuando oigo una detonación sorda y sale una llamarada por la puerta. Me figuré que habría pasado algo; pero algo de poca importancia, un cable de luz eléctrica fundido o una lámpara rota; cuando veo venir hacia mí un turbión de gente espantada con los ojos desencajados, empujándose y despachurrándose unos a otros. La ola de gente me echó fuera del teatro; pregunté en la calle a dos o tres lo que pasaba; nadie lo sabía. Yo estaba sin sombrero y sin abrigo, y entré a recogerlos. Subo, y un acomodador me pregunta, temblando, qué era lo que quería; le digo que buscaba mi gabán, lo encuentro, y entonces se me ocurre mirar hacia la sala. ¡Cristo! La cosa era terrible; me pareció que había cuarenta o cincuenta muertos. Bajé a las butacas. Aquello era imponente; en el teatro, grande, lleno de luz, se veían los cuerpos rígidos, con la cabeza abierta, llenos de sangre; otros, estaban dando las últimas boqueadas. Había heridos gritando y la mar de señoras desmayadas, y una niña de diez o doce años muerta. Algunos músicos de la orquesta, vestidos de frac con la pechera blanca empapada en sangre, ayudaban a trasladar los heridos... Era imponente.

—Pero hubiera sido aún más terrible si llegan a hacer lo que querían, que era apagar las luces del teatro antes de echar las bombas —dijo Prats.

—¡Qué barbaridad! —exclamó Manuel.

—A oscuras, hubieran muerto todos —añadió, riendo, Prats.

—No —exclamó Manuel, levantándose—; de eso no se puede reír nadie, a no ser que sea un canalla. Matar así de una manera tan bárbara.

—Eran burgueses —dijo el *Madrileño*.

—Aunque lo fueran.

—Y en la guerra, ¿no matan los militares a gente inocente? —preguntó Prats—. ¿No disparan sobre las casas con bala explosiva?

—Pues los que hacen eso son tan canallas como el otro.

—Éste, como ya tiene su imprenta —dijo el *Madrileño* con sorna—, se siente burgués.

—Por lo menos, no me siento asesino. Ni tú tampoco.

—Una de las bombas no estalló —dijo Skopos—; cayó sobre una mujer muerta por la primera bomba. Por esto la carnicería no fue mayor.

—¿Y quién hizo esta bestialidad? —preguntó Perico Rebolledo.

—Salvador.

—Ése sí que tendría las entrañas negras...

—Debía de ser una fiera —dijo Skopos—. Él se escapó del teatro en el momento del pánico, y al día siguiente, cuando el entierro de las víctimas, parece que se le ocurrió subir a lo alto del monumento de Colón con diez o doce bombas, y desde allí irlas arrojando al paso de la comitiva.

—No comprendo cómo se puede tener simpatía por hombres así —dijo Manuel.

—Mientras estuvo preso —siguió diciendo Skopos— hizo la comedia de convertirse a la religión. Los jesuitas le protegieron, y allí anduvo un padre Goberna solicitando el indulto. Las señoras de la aristocracia se interesaron también por él, y él se figuraba que le iban a indultar...; pero cuando le metieron en capilla y vio que el indulto no venía, se desenmascaró, y dijo que su conversión era una filfa. Tuvo una frase hermosa: «¿Y tus hijas? —le dijeron—. ¿Qué va a ser de tus pobrecitas hijas? ¿Quién se va a ocupar de ellas?». «Si son guapas —contestó él—, ya se ocuparán de ellas los burgueses.»

—¡Ah!... Es bien... Es bien —gritó Caruty, que hasta entonces había estado silencioso e inmóvil—. Es bien..., *le gran canaille*... Es bien... Es una frase...

—Yo asistí a la ejecución de Salvador —siguió diciendo Skopos— desde un coche de la ronda; cuando subió al patíbulo iba cayéndose; pero ¡la vanidad, lo que puede!; el hombre vio un fotógrafo que le apuntaba con la máquina, y entonces levantó la cabeza y trató de sonreír... Una sonrisa que daba asco, la verdad, no sé por qué... El esfuerzo que hizo le dio ánimos para llegar al tablado. Aquí trató de hablar; pero el verdugo le echó una manaza al hombro, le ató, le tapó la cara con un pañuelo negro y se acabó... Yo esperé a ver la impresión que producía a la gente. Venían obreros y muchachas de los talleres, y todos, al ver la figurilla de Salvador en el patíbulo, decían: «¡Qué pequeño es! ¡Parece mentira!».

Y hablaron de otros anarquistas, de Ravachol, de Vaillant, de Henry, de los de Chicago... Había oscurecido y siguieron hablando... Ya no eran las ideas, eran los hombres los que entusiasmaban. Y entre su humanitarismo exaltado y su culto de sectarios por una especie de religión nueva, aparecía en todos ellos, saliendo a la superficie, su fondo de meridionales, su admiración por el valor, su entusiasmo por la frase rotunda y el gesto gallardo...

Manuel se sentía inquieto, profundamente disgustado en aquel ambiente.

Y todos los domingos aumentaba el número de adeptos en la Aurora Roja. Unos, contagiados por otros, iban llegando... Y crecía el grupo anarquista libremente, como una mancha de hierba en una calle solitaria.

VII

Un paraíso en un camposanto. — Todo es uno y lo mismo.

Bastante tiempo después de la partida de Jesús, una noche, desde casa de Manuel, se oyeron tiros.
—¿Qué habrá pasado? —se preguntaron todos.
—Quizá sean matuteros —dijo la Ignacia.
—También se ha dicho que andaban unos ladrones robando alambre del telégrafo —advirtió Manuel.
Pasados unos días, se supo que los guardias habían sorprendido a unos cuantos ladrones en el cementerio de la Patriarcal. Al huir, les echaron el alto, y viendo que no se paraban, dispararon. A los disparos, los merodeadores se detuvieron asustados y los guardias prendieron al *Corbata* y al *Rubio,* y como no declaraban, les arrimaron a cada uno de ellos una paliza monumental, hasta que cantaron de plano.
Por la noche, al volver Manuel a casa, se encontró en la puerta con un hombre, cuya presencia le sobrecogió. Era Ortiz, el polizonte, vestido de paisano.
—¡Hola, Manuel! ¿Qué tal estás? —le dijo.
—Bien —contestó Manuel secamente.
—Ya sé que trabajas, que vas marchando. Y la Salvadora.

—Está buena.
—¿Y Jesús?
—Ya hace unos días que no le hemos visto.
—¿Sabes que han robado en ese cementerio?
—No; no sabía nada.
—¿No habéis notado algo desde vuestra casa?
—No.
—Pues ya llevan mucho tiempo robando. Es raro que...
—No, no es raro; porque yo no me ocupo de lo que hacen los demás. ¡Adiós!

Y Manuel se metió en el portal.

—Si preguntan por aquí algo —dijo Manuel a la Salvadora y a la Ignacia—, no digáis ni una palabra.

Todo el barrio se conmovió con la noticia. Se volvió a hablar de muertos robados, y se supieron detalles cómicos y macabros. Un larguero de mármol, de una sepultura, había ido a parar a una tienda de quesos; las letras de bronce de los nichos estaban en algunos escaparates de tiendas lujosas. Se dijo que Jesús y el señor Canuto eran los directores de la banda.

Por la noche, el jorobado le dijo a Manuel:

—He tenido carta del señor Canuto.
—¿Sí? ¿Dónde está?
—En Tánger, con Jesús; de buena se han escapado los dos.
—Pero robaban, ¿eh?
—Sí, hombre. Todo lo que podían. El señor Canuto vivía ahí hecho un príncipe. Ahora yo a los de la Policía les he dicho que no sabía nada. Que averigüen ellos si pueden. El señor Canuto había convertido el cementerio en un paraíso.

—Sí, ¿eh?

—Sí. ¡Ya lo veo! Tenía su cosecha de plantas medicinales que vendía a los herbolarios, y con las malvas su mujer hacía emplastos y bizmas. En una época, el señor Canuto y Jesús suministraron de caracoles a los ventorrillos, hasta que acabaron con todos los del cementerio. ¡Las cosas que no han pensado! ¡Qué puntos! En un charco tenían galápagos, y sanguijuelas en otros. Luego se les ocurrió poner conejos para criarlos y cogerlos a lazo, pero se les escapaban por los agujeros de los nichos. ¡Si llevaban una vida pistonuda! ¿Que no tenían dinero? Pues, ¡hale!, desenterraban un ataúd, y vendían todo lo que encontraban.

Dos días después, un domingo por la tarde, fue el Juzgado al cementerio, y Ortiz llamó a Manuel y a Rebolledo para que les acompañaran.

No se notaba la devastación llevada a cabo por el señor Canuto y Jesús; el cementerio de por sí se encontraba ya bastante arruinado.

En algunos puntos la tierra estaba removida; cerca de un pozo se advertían aún los cuadros de hortalizas labrados por el señor Canuto, y en ellos la hierba era más verde y jugosa.

El juez hizo algunas preguntas a Rebolledo, que le contestó con su gran habilidad. Juntos recorrieron el cementerio. Estaba todo talado, las sepulturas rotas, las lápidas de los nichos arrancadas.

Reinaba en los patios un gran silencio.

De los techos colgaban trozos de cascotes sostenidos por tomizas podridas. En las paredes, debajo de las arcadas, aparecían los nichos abandonados y rotos, cubiertos de polvo. Pendían de un clavo coronas de siemprevivas, de las que no quedaba más que su armazón; allí se veían cintajos y lazos deshechos; aquí una fotografía descolorida, cubierta con un cristal convexo, un ramo arrugado y seco, o el juguete de algún niño.

Por un corredor oscuro, una verdadera catacumba, repleta a un lado y a otro de nichos, salieron al segundo patio.

Era éste tan ancho como una plaza; una pradera salvaje limitada por ruinosos tapiales.

El hombre había convertido un trozo del yermo madrileño en un jardín frondoso; de un erial desnudo había hecho un parque dedicado a la silenciosa muerte; la Naturaleza conquistó el parque, lo transformó, fecundándolo con su lluvia de gérmenes, en un mundo vivo, en una selva espesa, poblada de matorrales, de zarzas, de plantas parásitas, de espinas, de flores silvestres, de pájaros y de mariposas.

Ya no quedaban allí avenidas, ni paseos, ni plazoletas; los hierbajos borraron lentamente toda huella humana.

Ya no quedaban arbustos, ni mirtos recortados; las ramas crecían con libertad; ya no quedaba silencio; los pájaros piaban en los árboles. Junto a las tapias, entre el follaje tupido y verde, brillaban las campanillas purpúreas de las digitales, y las rosas menudas de algún rosal silvestre.

Rodeadas de malezas y de zarzas, medio ocultas por los jaramagos y las ortigas, se veían las lápidas de mármol, blancas, rotas, y las de piedra, carcomidas y verdeantes por los musgos. En algunas partes, el follaje era tan espeso, que las tumbas desaparecían envueltas en plantas trepadoras, entre grandes cardos espinosos y yezgos de negras umbelas.

Del fondo de algunos nichos brotaban florecillas tristes, rojas y azules, y junto a sus tallos y a sus hojuelas verdes se veían pedazos de ataúdes, restos de la estameña de los hábitos y del traje blanco de los niños.

En las paredes, en los huecos de las piedras de la vieja tapia derruida, corrían, al sol, las lagartijas y las salamandras.

Algunos arbolillos enclenques, debilitados por las hierbas parásitas, nacían en medio de aquella selva, y de sus brazos desgajados, por entre su ramaje podrido, salían pájaros de colores, que volaban como flechas por el aire de invierno, ligero y sutil...

De este patio pasaron a otro que daba hacia una explanada frontera al Tercer Depósito. Llegaba hasta allá el rumor de los organillos de los merenderos próximos; silbaban los alambres del telégrafo al ser movidos por el viento, y a veces se oía el cacareo de algún gallo y el silbido de algún tren.

Unas vacas rojas pastaban en aquellos campos.

—¿Y esas vacas? —preguntó el juez.

—Son de una vaquería de la calle de Magallanes —dijo el conserje.

—Este terreno, ¿no pertenece al cementerio?

—Sí; pero lo tiene arrendado el cura. Ya hace mucho tiempo que no se entierra aquí.

—El cura también es un punto —dijo Rebolledo a Manuel—; se ha llevado las puertas de hierro de la capilla a una posesión suya.

Volvieron el juez y el actuario a reconocerlo todo de nuevo, y al avanzar la tarde se retiraron.

Manuel, Ortiz y Rebolledo salieron los últimos.

Iba anocheciendo; un aire de tristeza y de ruina llenaba el cementerio; a lo lejos, de las hierbas húmedas, de color de esmeralda, brotaban ligeras neblinas...

Ortiz se acercó a Manuel.
—¿Sabes? —le dijo—. Ya le cogimos al *Bizco*.
—¿Sí? ¿Cuándo?
—Hará unos meses. No te puedes figurar quién me ayudó a cogerlo.
—No.
—Un amigo tuyo.
—¿Quién?
—El *Titiritero*..., aquel viejo.
—¿Don Alonso?
—Sí. Había entrado en la Policía.
—¿Y sigue ahí?
—No; creo que murió.
—¡Pobre! ¿Y el *Bizco*?
—El *Bizco* tiene para rato. Probablemente le condenarán a muerte.
—¿No le han juzgado todavía?
—No. Si quieres verle...
—¡Yo! ¿Para qué?
—Al fin y al cabo ha sido amigo tuyo.
—Es verdad. ¿Y cuándo le juzgarán?
—Dentro de unos días. En los periódicos lo podrás ver.
—Quizá vaya. ¡Adiós!
—Adiós. Si vas, avísame.

VIII

Cómo cogieron al «Bizco» y no vino la buena. — Nunca viene la buena para los desdichados.

Don Alonso de Guzmán Calderón y Téllez había encontrado la manera de ganarse la vida en el cinematógrafo Salomón, por otro nombre el Cinecromovidaograph. El dueño del Cinecromovidaograph era Salomón, no precisamente el del templo, sino un hombre chiquito y malhumorado, barbudo y de color de cobre, que se llamaba o se hacía llamar así. Este hombre, cuyo hígado debía tener proporciones impropias de un hígado modesto y normal, vivía con su mujer y dos hijas en una barraca de su propiedad, que se armaba y se desarmaba, y para viajar tenía un carretón, una *roulotte*, tirada por un caballo normando.

Salomón podía haber sido feliz; el *cinecromo* daba mucho dinero; los negocios marchaban bien, y, sin embargo, Salomón era desgraciado.

La causa de su desgracia eran las mujeres. Ya su tocayo, el rey sabio, lo había dicho: «La mujer es más amarga que la muerte».

¿Es que la señora de Salomón se había permitido

faltar a la fe jurada en el altar a su dueño y señor? Jamás. ¿Es que Salomón trataba de libar la felicidad en el corazón de otras mujeres? Nunca. Salomón era fiel a su consorte, la divina Adela. La divina Adela era fiel a Salomón. Pero la divina Adela tenía un genio irresistible.

La divina Adela procedía de una capa social más elevada que su marido. La divina Adela era hija de un pedagogo, de un hombre de esos que enseñan a los chicos la Historia de España y el postulado de Euclides.

Ahora bien; de enseñar el postulado de Euclides a enseñar un cinematógrafo, ¡qué abismo! La divina Adela había medido con sus ojos este abismo. A los diez años de casada, su *mesalliance,* como decimos en el mundo diplomático, la obsesionaba y la tenía irritada y nerviosa.

Si su marido pedía una camiseta, la divina Adela se horrorizaba; si lanzaba una interjección fuerte, le daba un ataque de nervios. La divina Adela tenía a Salomón por un hombre cruel, despótico, grosero, a quien ella, a pesar de todo, amaba.

—¿Para qué me he casado yo con este hombre, con este saltimbanqui? —preguntaba de cuando en cuando con la vista en el vacío—. Venid aquí, hijas mías —les decía a sus niñas—, con vuestra madre.

Don Alonso estaba con Salomón de criado y de voceador del cinematógrafo. Tenía un frac y unos pantalones encarnados, una comida regular..., lo bastante para ser feliz. Era un buen escenario para que don Alonso luciese sus habilidades. Allí, a la puerta de la barraca, el hombre tiraba diez o doce bolas al alto y las iba recogiendo rápidamente; hacía luego danzar por el aire una botella, un puñal, una vela encendida, una naranja y otra porción de cosas.

—¡Entrad, señores, a ver el cinecromovidaograph! —gritaba—. Uno de los adelantos más grandes del siglo veinte. Se ve moverse a las personas. ¡Ahora es el momento! ¡Va a comenzar la representación! ¡Un real! ¡Un real! ¡Niños y militares, diez céntimos!

Entre las películas del cinecromovidaograph había: *La marcha de un tren, La escuela de natación, Un baile, La huelga, Los soldados en la parada, Maniobras de una escuadra*, y, además, varios números fantásticos. Entre éstos, los más notables eran uno de un señor que no puede desnudarse nunca, y otro de un hombre que roba y a quien le perseguían dos polizontes, y se hace invisible y se escapa de entre los dedos de sus perseguidores y se convierte en bailarina y se ríe del juez y de los guardias.

Una mañana, camino de Murcia, tuvo Salomón la mala idea de detenerse en un pueblo próximo a Monteagudo.

El alcalde del pueblo entendió que debía ver la representación para prestar o no su consentimiento al espectáculo.

En vista de que en el público abundaba el elemento rico, Salomón pensó que debía suprimirse el cuadro de *La huelga*. Se representaron los demás cuadros con aplauso; pero al llegar al *Ladrón invisible*, el alcalde, hombre religioso, católico y dedicado a la usura, afirmó en voz alta que era inmoral que no cogieran a aquel bandido.

—Que vuelvan a hacerlo, pero que le cojan al ladrón —dijo en voz alta.

—Es imposible, señor alcalde —replicó don Alonso.

—¡Cómo que es imposible! —repuso el alcalde—. O se hace eso, o les llevo a ustedes a la cárcel. A escoger.

Don Alonso quedó sumido en un mar de confusiones, y estimó, como lo más oportuno, apagar las luces, para dar a entender que se había acabado la representación. Nunca lo hubiera hecho.

Los espectadores, furiosos, se lanzaron contra él. Don Alonso escapó fuera de la barraca.

—¡A ése! —gritó un chico al verle.

—¡A ése! —gritaron unas mujeres.

Y hombres y mujeres y chicos y perros echaron a correr tras él. Don Alonso salió del pueblo. Cruzó volando unos rastrojos. Comenzaron a llover piedras a su alrededor. Afortunadamente se hacía de noche, y los salvajes del pueblo, pensando en su cena, abandonaron la cacería. Cuando se vio solo, don Alonso, rendido, se tiró en la tierra. El corazón le golpeaba como un martillo en el pecho.

Lo encontró en la carretera al día siguiente la Guardia Civil. Con su frac negro lleno de barro, don Alonso tenía todas las trazas de un hombre escapado de un manicomio.

—¿Quién es usted? —le dijeron los civiles.

Don Alonso contó lo que le había ocurrido.

—¿Tiene usted cédula?

—Yo, no, señor.

—Entonces, venga usted con nosotros.

Les siguió don Alonso, aunque estaba molido, hasta un pueblo próximo. Allí los guardias le entregaron al alguacil, y éste le metió en la cárcel, donde pasó la noche.

—Pero ¿por qué me detienen a mí? —preguntó varias veces el pobre hombre.

—Como no tiene usted cédula...

Al día siguiente le sucedió lo mismo; y así, por tránsitos de la Guardia Civil, comiendo rancho, durmiendo de cárcel en cárcel, vestido de harapos, entre basura y piojos, don Alonso llegó a Madrid. Lo llevaron al Gobierno Civil, y le presentaron a un señor. Interrogado por él, le contó sus cuitas, con un acento tal de verdad, que el hombre se compadeció y le dejó marcharse.

—Si no encuentra usted destino —añadió el señor—, quizá le pueda yo proporcionar algo.

Don Alonso escribió a Salomón; pero éste no le contestó. Fue repetidas veces al Gobierno Civil, y una de ellas el señor aquel le dijo:

—¿Quiere usted ser de la Policía?

—Hombre...

—Dígame sí o no; porque si no, le doy el cargo a otro.

—Sí, sí; yo no sé si tendré condiciones...

—¿Quiere usted, sí o no?

—Sí, señor.

—Entonces, dentro de unos días tendrá usted el nombramiento.

Por esta serie de circunstancias, don Alonso fue de la Policía.

Meses después de su ingreso en las huestes del *Gallo*, don Alonso tuvo que entrar en campaña. Una noche, en el soto de Migascalientes, cerca de la Virgen del Puerto, encontraron una mujer muerta, con una puñalada en los riñones. Era una mujer ya de cierta edad, llamada la *Galga;* una desdichada que ganaba algunos céntimos por aquellos andurriales.

Al día siguiente, la Policía detuvo en un merendero a un randa, a quien le decían el *Chaval*.

Muchos le habían visto repetidas veces con la *Galga*; todos los indicios estaban contra él.

Prendieron al mozo, que al principio negó con energía su participación en el crimen; pero al último confesó la verdad.

Él no era asesino. La *Galga* tenía dos amantes: uno, él, y otro, el *Bizco*. El *Bizco* le había amenazado varias veces a él si no dejaba a la *Galga*, y un día se habían desafiado; pero al llegar al lugar del desafío, el *Bizco* le dijo que la *Galga* les engañaba a los dos. Se le había visto con uno a quien llamaban el *Malandas* en un merendero. El *Bizco* y el *Chaval* decidieron castigar a la *Galga*, y el *Bizco* la citó en el soto.

Era un día encapotado y frío. Al presentarse la *Galga*, salieron juntos el *Chaval* y el *Bizco*. El *Bizco* se lanzó sobre ella, y le pegó un puñetazo en la cara, ella volvió la espalda, y entonces él, sacando una navaja, se la hundió por los riñones. Esto era lo que había ocurrido.

Don Alonso y Ortiz fueron los encargados de seguir la pista al *Bizco*. Tenían confidencias de que se le había visto después del crimen, una vez en el Puente de Vallecas y otra en la California.

—Usted —le dijo Ortiz a don Alonso— hace lo que yo le diga, nada más.
—Está bien.
—Hay necesidad de cogerle a ese hombre cuanto antes.

El primer día registraron los dos el cuartelillo de la plaza de Lavapiés, la casa del Cura, de la calle de Santiago el Verde; los rincones de la Huerta del Bayo y las tabernas de la calle de Peña de Francia y de Embajadores, hasta el Pico del Pañuelo. Al anochecer se sentaron a descansar en el merendero de la Manigua.

—¿A que no sabe usted por qué le llaman a esto la Manigua? —le dijo Ortiz a don Alonso.
—No.
—Pues es muy sencillo. Viene la gente aquí, bebe este vinazo, se emborracha y vomita..., y claro tienen el vómito negro...; por eso se llama la Manigua.

Fuera de este descubrimiento, no hicieron ningún otro relacionado con sus pesquisas.

Al día siguiente, muy de mañana, se metieron los dos por la calle del Sur.

—Vamos a ver si aquí nos enteramos —dijo Ortiz, señalando una taberna.

Entraron en una taberna próxima a unos camposantos. Ortiz conocía al tabernero, y hablaron los dos de los buenos tiempos en que se pasaba el vino de matute a carros.

—Aquello era un negocio, ¿eh? —exclamó Ortiz.
—Sí, era —dijo el tabernero—; entonces se veía aquí *luz* divina. Ganaban lo que querían.
—Y tranquilamente.
—Me parece. Aquí se detenían los matuteros, y los

mismos de Consumos les acompañaban a dejar el contrabando. Hubo días que se metieron en la bodega de esta casa más de treinta cubas.

—¿Usted habrá hecho su pacotilla? —preguntó don Alonso.

—¡Quia, hombre! Eso era en tiempo del que me traspasó la taberna. Cuando tomé yo esto, estaban arrendados los Consumos; pusieron esa fila de estacas, entre la vía y las casas, y ahora no entra ni un cuartillo de vino sin pagar.

Preguntó Ortiz por el *Bizco*, de pasada; pero el tabernero no le conocía, ni había oído hablar de él.

Salieron los dos polizontes de la taberna, y, en vez de seguir por el camino de Yeseros, fueron por la margen del arroyo de Atocha hasta el punto en que éste vierte sus aguas sucias en el Abroñigal. Pasaron por debajo de un puente de ferrocarril, y siguieron remontando el curso del arroyo. En la orilla, en medio de un huerto, se levantaba una casuca blanca con un emparrado. En la pared, encalada, se leía un letrero trazado con mano insegura: «Ventorro del *Cojo*».

—Vamos a ver si aquí saben algo —dijo Ortiz.

Un raso empedrado con cantos, con una higuera en medio, había delante del ventorrillo. Entraron. En el zaguán, un hombre de malas trazas y de mirada torva, que estaba sentado en un banco, hizo un movimiento de sorpresa y de desconfianza al ver a Ortiz.

Éste no se dio por enterado; pidió dos copas en el mostrador a una mujer flaca y negruzca, y con el vaso en la mano, y mirando al hombre de reojo, le preguntó:

—¿Y qué tal por el ventorro del *Maroto*?

—Bien.
—¿Se reúne buena gente por allá?
—Tan buena como en cualquier otra parte.
—¿Sigue andando por ahí el *Bizco*?
—¿Qué *Bizco*?
—El *Bizco*, hombre..., ese rojo...; demasiado que lo conoce usted.
—Ése nunca ha ido por el ventorro del *Maroto*, sino por el Puente.

Ortiz vació la copa, se limpió los labios con el dorso de la mano, y, saludando a la ventera, salió de allá.

—Este gachó —dijo en voz baja a don Alonso— mató a un segador, y se salvó del presidio no sé cómo.
—Parece que nos sigue —murmuró don Alonso, mirando hacia atrás.
—No nos vaya a hacer la santísima —exclamó Ortiz, y, sacando el revólver del cinto, esperó un instante.

El hombre del ventorro del *Maroto* se había apostado tras de un ribazo; luego, viéndose descubierto, huyó.

—Vámonos de aquí —dijo Ortiz.

Echaron los dos a andar de prisa, y salieron pronto al Puente de Vallecas.

Entraron en un merendero. Una mujer gorda, bajita, ya vieja, de pómulos salientes, con un pañuelo rojo atado a la cabeza, daba al manubrio de un organillo.

—¿Está el *Manco*? —le preguntó Ortiz.
—Ahí debe de estar.

Unas cuantas parejas que bailaban al son del organillo se pararon al ver a Ortiz y a don Alonso.

El *Manco*, un hombre alto, rubio, afeitado, con el

pecho de gigante y el cuello redondo, de mujer, les salió al encuentro.
—¿Qué buscan? —dijo con voz afeminada.
—A uno a quien llaman el *Bizco*.
—Aquí no viene ése hace ya tiempo.
—¿Pues dónde anda?
—Por las Ventas.
Salieron del merendero, y siguieron nuevamente por la orilla del arroyo Abroñigal. Algunos chiquillos negruzcos se chapoteaban en el agua...
Comenzaba a anochecer cuando aparecieron entre los tejares del barrio de Doña Carlota. Madrid brotaba por encima de las frondas del Retiro. Sonaban las esquilas de algunos rebaños.
En los alrededores de la barriada había grandes hoyos con pilas de ladrillo. Estaban ardiendo los hornos; salía de ellos un humo espeso de estiércol quemado que, rasando la tierra, verde por los campos de sembradura, se esparcía en el aire y lo dejaba irrespirable. A lo lejos, algunas humaredas pálidas subían de la tierra al horizonte incendiado por un crepúsculo espléndido de nubes de púrpura.
Ortiz preguntó a un hombre que estaba levantando ladrillos si conocía al *Bizco*.
—¿Ese randa de pelo rojo?
—Sí.
—Le he visto hace unos días por la Elipa.
—Bueno, vamos por allá —murmuró Ortiz.
Siguieron por la orilla del arroyo. El cielo, de nubes rojizas, iba oscureciéndose. Cruzaron el camino de Vicálvaro.
—Por aquí fui yo al Este a enterrar a una chica que se me murió —dijo Ortiz—; la llevé a la pobre-

cita debajo del brazo envuelta en un mantón. No tenía ni para una caja...

Este recuerdo trajo a la memoria del guardia sus miserias, y contó a Alonso su vida.

Don Alonso estaba deseando que acabase para asombrarle a Ortiz con sus historias de América.

El guardia seguía y seguía hablando, y don Alonso murmuraba distraídamente:

—Ya vendrá la buena.

Mientras charlaban fue anocheciendo. Salió la luna en menguante; una neblina tenue comenzó a cubrir el campo; algún árbol solitario se erguía derecho y proyectaba la sombra de su follaje en el camino; alguna estrella cruzaba el cielo dejando una ráfaga blanca. El agua plateada del arroyo se deslizaba por la tierra silenciosa, trazando curvas como una larga serpiente.

Seguían hablando cuando don Alonso vio la silueta de un hombre que aparecía entre dos árboles. Agarró del brazo a Ortiz, indicándole que se callara. Se oyó un ruido de ramas y el paso furtivo de alguien que huyó.

—¿Qué era? —dijo Ortiz.

—Un hombre que ha salido de ahí.

—¿De dónde?

—No sé a punto fijo. Me ha parecido que de entre esos árboles.

Se acercaron; había en el ribazo, que allí tenía más de un metro de alto, un montón de maleza y unos pedruscos.

—Aquí hay algo —dijo Ortiz, metiendo su bastón. Quitó dos piedras grandes, luego una tabla, y apareció la boca de un agujero. Encendió un fósforo.

Era un boquete cuadrado abierto en la tierra arenosa y húmeda. Entraron los dos. Tendría la cueva tres metros de profundidad por uno y medio de anchura. Ocupaba el fondo una cama de paja y de papeles con una manta gris. En un rincón había huesos mondados y latas de conserva vacías.

—Aquí tiene el lobo la madriguera —dijo Ortiz—. Sea el *Bizco* u otro, este ciudadano no está dentro de la ley.

—¿Por qué?

—Porque no paga contribución.

—¿Qué vamos a hacer?

—Esperarle. Yo le aguardo aquí dentro. Usted pone la tabla como estaba antes, con dos piedras encima, y se queda ahí fuera. Cuando venga, que vendrá, le deja usted entrar, y en seguida se echa usted a la puerta.

—Bueno.

Ortiz amartilló el revólver y se sentó en la cama. Don Alonso, después de tapar la boca del agujero, buscó un sitio resguardado en donde no se le viera, y se tendió en el suelo. Le molestaba bastante haber tenido que oír la historia vulgar de Ortiz y no haber podido contar sus aventuras. La verdad es que su vida era rara. ¡Él, convertido en policía! ¡Acechando a un hombre!

Horas y horas esperaron, Ortiz dentro y don Alonso fuera. Estaba ya clareando cuando apareció el *Bizco*. Llevaba algo debajo del brazo. Atravesó el arroyo, se acercó al ribazo, quitó la tabla... Don Alonso, empuñando el revólver, se levantó con rapidez y se asomó a la boca del agujero.

—Ya está —dijo Ortiz desde dentro, y salieron inmediatamente el guardia y el *Bizco*.

—¿Será éste? —preguntó el guardia.

—Sí.

—Si trata de huir, tire usted —dijo Ortiz a don Alonso.

Don Alonso apuntó con el revólver al bandido, que temblaba, sin oponer resistencia, y Ortiz le ató codo con codo.

Don Alonso estaba entumecido; le dolía todo el cuerpo. Echaron a andar los tres por el camino de la Elipa.

Al llegar cerca del nuevo Hospital de San Juan de Dios estaba amaneciendo; un amanecer tristón y anubarrado.

Don Alonso se encontraba cada vez peor; sentía escalofríos por todo el cuerpo, un dolor de cabeza violento y una lancetada en el pecho.

—Yo estoy malo —le dijo a Ortiz—, no puedo con mi alma.

—Bueno; entonces yo me marcho.

Ortiz y el *Bizco* se alejaron.

Don Alonso quedó solo y fue avanzando penosamente. Cuando llegó cerca de la tapia del Retiro pidió auxilio a un guardia municipal. Éste le acompañó, y en la calle de Alcalá tomaron un coche. Don Alonso tosía y no podía respirar; le sacaron del coche al llegar al hospital y le metieron en una camilla.

Al echarse, don Alonso quedó rendido y sintió como si le dieran un martillazo en la cabeza.

—Yo tengo algo muy grave, y quizá me vaya a morir —pensó con angustia.

No se dio cuenta de cuándo le metieron en la cama; comprendió que estaba en el hospital, y sintió que su cuerpo ardía. Una monja se le acercó y puso un escapulario en el hierro de la cama.

Don Alonso entonces recordó un cuento y, a pesar de la fiebre, el cuento le hizo reír. Era un gitano que estaba muriéndose y llamaba a todos los santos de la corte celestial en su ayuda; viéndole tan apurado, una vecina le llevó un Niño Jesús, y le dijo al enfermo:

—Rece, hermano, que Éste le salvará.

Y el gitano contestó compungido:

—¡Ay, hermana! Si lo que yo necesito es un Santo Cristo con más... barbas que un capuchino.

Luego el cuento se complicó con recuerdos lejanos, la fiebre aumentó y don Alonso murmuró convencido:

—Ya vendrá la buena.

Después de ocho días, pasados entre la vida y la muerte, el médico de la sala dijo que la pleuresía de don Alonso se había complicado con el tifus, y que era necesario trasladar el enfermo al Hospital del Cerro del Pimiento.

Una mañana fueron los camilleros, cogieron a don Alonso, lo sacaron de la cama y lo metieron en una camilla.

Luego, los dos mozos bajaron la escalera del hospital, tomaron por la calle de Atocha arriba, después por la de San Bernardo hasta el paseo de Areneros. Entraron hacia las proximidades de San Bernardino por una zanja cortada en la tierra arenosa y amarillenta, y llegaron al Cerro del Pimiento. Llamaron; pasaron a un vestíbulo y levantaron el hule de la camilla.

—¡Anda la...! Se ha muerto el socio —dijo uno de los mozos—. ¿Lo dejaremos aquí?

—No, no, llevadlo —replicó el conserje del hospital.

—¡Pues es una broma tener que llevarlo otra vez! —dijo el otro—. Más valiera morirse.

Cogieron con resignación la camilla y salieron.

Hacía una mañana espléndida, hermosísima. Se sentía con intensidad la primavera.

El césped brillaba sobre las lomas; temblaban las hojas nuevas de los árboles; refulgían al sol las piedras en las calzadas, limpias por las lluvias recientes... Todo parecía nuevo y fresco, los colores y los sonidos; el brillo de los árboles y el piar de los pájaros; la hierba salpicada de margaritas blancas y amarillas, y las mariposas sobre los sembrados. Todo, hasta el sol. Todo, hasta el cielo azul, que acababa de brotar del caos de las nubes, tenía un aire de juventud y frescura...

Entraron los dos camilleros de nuevo por la zanja, entre las altas paredes cortadas a pico.

—¿Y si lo dejáramos aquí? —preguntó uno de los mozos.

—Dejémosle —contestó el otro.

Levantaron el hule de la camilla, y poniéndola de lado, hicieron que el cadáver cayera desnudo en una oquedad. Y el muerto quedó despatarrado, mostrando sus pobres desnudeces ante la mirada azul, clara y serena del cielo, y los camilleros se fueron a tomar una copa...

Indudablemente, no había venido la buena.

IX

La dama de la toga negra. — Los amigos de la dama. — El pajecillo, el lindo pajecillo.

Hay en Madrid, en un palacio con grandes salas y largas galerías, en las que por todas partes no se ven más que Cristos, una vieja dama de gran alcurnia que ejerce una de las funciones más importantes y severas de la sociedad.

Esta vieja dama viste toga negra, cala birrete, también negro; habla gravemente, y entre las imágenes de Cristo administra a diestro y siniestro reprimendas y castigos.

Antes, en el Olimpo, era una severa matrona con los ojos vendados; ahora es una vieja arpía, con la vista de lince, el vientre abultado, las uñas largas y el estómago sin fondo.

En el Olimpo, esta dama discurría y estaba rodeada de inmortales; ahora, en vez de discurrir, tiene un libro con más interpretaciones que la Biblia, y en vez de personas dignas a su alrededor, está rodeada de curiales, alguaciles, escribanos, relatores, prestamistas, corredores de alhajas, hombres buenos, abogados de fama y abogados de poyete..., una larga procesión de sacacuartos y de escamoteadores, que empieza muy alto y acaba en el verdugo, que es un escamoteador de cabezas.

—Tienes que ir a ver a tu amigo —dijo Juan a Manuel.
—Bueno.
Buscaron a Ortiz y con él entraron en la Audiencia. Había en los pasillos una gran animación. Uno de los patios estaba plagado de gente. Por las ventanas de las galerías se veían señores de birretes escribiendo o leyendo. En los armarios de aquellas oficinas se amontonaban expedientes.
—Todos esos papeles, todos esos legajos —dijo Juan—, estarán empapados de sangre; habrá ahí más almas marchitas y desecadas que flores en un herbolario.
—¡Y qué se va a hacer! —repuso Manuel—. Si no hubiera criminales...
—Éstos sí que son criminales —murmuró Juan.
—Vamos a ver si podéis pasar —dijo Ortiz.
Entraron en una antesala de la galería baja. Había allá un señor de barba blanca y mirada severa y dos jóvenes. Los tres estaban vestidos con toga y birrete.
—Soy enemigo del indulto —decía el señor de la barba blanca—; le he condenado dos veces a muerte, y las dos le han indultado. Ahora espero que lo ejecutarán.
—Pero es una pena tan severa... —murmuró uno de los jóvenes, sonriendo.
—¿Hablan del *Bizco*? —preguntó Manuel a Ortiz.
—No.
—¡Nada, nada! —exclamó el viejo de la barba

blanca—; hay que hacer un escarmiento. Hemos quedado en que se fije la fecha del recurso para después de mayo, no vaya a ser indultado por el santo del rey.

—¡Qué bárbaros! —exclamó Juan.

—En estos casos —repuso el joven togado tímidamente— es cuando se pregunta uno si la sociedad tiene derecho para matar, porque, indudablemente, este hombre no ha estado nunca en posesión de su conciencia, y la sociedad, que no se ha cuidado de educarle, que le ha abandonado, no debía tener derecho...

—La cuestión de derecho es una cuestión vieja de la que nadie se ocupa —replicó el viejo con cierta irritación—. ¿Existe la pena de muerte? Pues matemos. Considerar la pena como medio de rehabilitación moral, aquí, entre nosotros, es una estupidez. ¡Enviar a uno a que se rehabilite a un presidio!... El derecho a la pena, el derecho a ser rehabilitado..., muy bonito para la cátedra. El presidio y la pena de muerte no son más que medidas de higiene social, y desde este punto de vista, nada tan higiénico como cumplir la ley en todos los casos, sin indultar a nadie.

Manuel miró a su hermano.

—¿No tiene razón?

—Sí; dentro de lo suyo, tiene razón —replicó Juan—. A pesar de eso, yo encuentro a ese viejo sanguinario bastante repulsivo.

Se abrió una puerta y apareció un hombre bajito, de bigote negro y rizado, con lentes, algo ventrudo, movedizo y calvo.

—¿Qué tal? —le preguntó el juez.

—Mal; el Jurado está cada vez más torpe. Yo le advierto a usted que lo hago a propósito, y todos los pretextos que envían las personas discretas para no ser jurados los acepto. Cuanto más brutos sean los que componen el Jurado, mejor. A ver si se desacredita de una vez.

—También la ley debían modificarla... —comenzó diciendo el joven.

—Lo que debían hacer era suprimir el Jurado —afirmó el hombre chiquito.

—Ahora puedes bajar un momento —dijo Ortiz a Manuel—, y preguntarle si quiere algo.

Bajó Manuel unos escalones. Se abrió la puerta de un calabozo. Había allí una medrosa semioscuridad. Un hombre estaba tirado en un banco. Era el *Bizco*.

El *Bizco*, en aquel instante, pensaba. Pensaba que afuera hacía un sol hermoso, que en las calles andaría la gente disfrutando de su libertad; que en el campo habría sol y pájaros en los árboles. Y que él estaba encerrado. Entre la bruma de su cerebro no había ni un asomo de remordimiento, sino una gran tristeza, una enorme tristeza. Pensaba también que estaba condenado a muerte, y se estremecía...

Nunca se había preguntado por qué era odiado, por qué era perseguido. Él había seguido el fatalismo de su manera de ser. Ahora mil cuestiones se iban amontonando en su cerebro.

La vagancia había sido para su alma como una hemorragia del espíritu. Su poca inteligencia se había esparcido en las cosas como se esparce el perfume en el aire.

Y ahora, en la soledad, en el aislamiento, la inteligencia dormida del *Bizco* se despertaba y comenzaba a interrogarse a sí mismo...

—¡Eh, tú! —le dijo el carcelero—. Aquí vienen a verte.

El *Bizco* se levantó, y quedó contemplando a Manuel con el mayor estupor.

Al ver a Manuel no se extrañó; le miró fijamente con una estúpida indiferencia.

—¿No me conoces?
—Sí.
—¿Quieres algo?
—No quiero nada.
—¿No necesitas algún dinero?
—No.
—¿No tienes que hacerme algún encargo?
—No.

Se miraron los dos atentamente. El *Bizco* volvió a tenderse en el banco.

—Si me matan, dile al verdugo que no me haga mucho daño —dijo.

—Pero ¿no quieres nada más?
—No quiero nada de ti.

Salió Manuel del calabozo y se reunió a su hermano.

Hablando Manuel con sus amigos de la extraña recomendación que le había hecho el *Bizco*, el *Bolo*, el zapatero de portal, le dijo:

—Yo le conozco al verdugo. ¿Quieres que vayamos a verle una noche?

—Bueno.

—Pues yo iré a buscarte a la imprenta un día de éstos.

—Sería mejor que me dijeras un día fijo.

—¿El sábado?

—Bueno.

Fueron Juan, Caruty y el *Libertario* a la imprenta y esperaron a que llegara el *Bolo*. Luego, en compañía de éste y de Manuel, se encaminaron por la calle de Bravo Murillo.

En la puerta de una taberna de una calle próxima había un hombre de mediana estatura, fuerte, fumando un cigarro.

—Ahí está —dijo el *Bolo*, señalándole con disimulo e indicándolo a los amigos—. Ése es.

Se acercó a saludarle.

—¿Qué hay, compadre? —le dijo, dándole la mano—. ¿Cómo estamos?

—Bien. ¿Y usted?

—Éstos —advirtió el *Bolo*, mostrando a Manuel, al *Libertario*, a Juan y a Caruty— son amigos míos.

—Por muchos años —contestó él—. Vamos a tomá una copa —añadió con acento andaluz cerrado.

—Nos sentaremos un rato —saltó Manuel.

—No; hablaremos en casa.

Bebieron una copa y salieron a la calle.

—¿De manera que usted es el ejecutor de la justicia? —preguntó el *Libertario*.

—Sí, señó.

—Mal oficio tiene usted, paisano.

—Malo é —contestó él—, pero peó é morirse de jambre.

Fueron los cinco andando hasta detenerse frente

a una casa alta, de ladrillo. Atravesaron el portal y entraron en un cuarto pequeño, iluminado por un quinqué encendido, puesto encima de una mesa. Nada indicaba allí al personaje sombrío y terrible que en aquel rincón vivía. Era un cuarto pobre, igual a todos los cuartos pobres. Había en las paredes algunos retratos. A un lado, una puerta de cristales con cortinillas, que daba a una alcoba, y enfrente de ésta una cama.

Al entrar, ninguno percibió una mujer, de negro, pequeña, sentada en un taburete, con un niño en brazos. Era la hembra del buchí; al verla, la saludaron; tenía aquella mujer un aspecto tétrico, una cara de japonesa, una seriedad fatídica.

El verdugo les invitó a sentarse a todos; salió al portal en seguida y, llamando al chico de la portera, le envió por un frasco de vino; luego tomó una silla y se sentó. Era un tipo rechoncho, con la cabeza cuadrada, de patillas y bigote rubios, la cara juanetuda. Vestía decentemente y llevaba sombrero hongo. Hablaron durante algún tiempo de una porción de cosas indiferentes, y Manuel contó lo que le había pedido el *Bizco*.

—Esté usté sin cuidao —dijo el verdugo—; si yega el caso, se hará tó lo que se pueda.

—Y antes de ser ejecutor —le preguntó de pronto el *Libertario*—, ¿ha probado usted otras cosas?

—¡Sí, he probao!... La mar. He sío sordao en Cuba durante muchos años; he sío herraor, barbero, carretero, vendeor de juguetes... ¿Y qué? No podía viví.

—¡Tan mal le iba! —exclamó Juan.

—Muriendo de jambre estaba, y cuando ya acosao dice uno: prefiero viví matando que no morirme de jambre, entonses toos son despresios.

Interrumpió su palabra un golpecito dado en la puerta recatadamente; era el chico que traía el frasco de vino. El verdugo cogió el frasco y comenzó a escanciar en los vasos.

—¿Y qué? ¿Cuántos has ejecutado hasta ahora? —le preguntó el *Libertario* hablándole de pronto de tú.

—Unos catorse o quinse.

—Y usted, ¿no bebe? —le dijo Manuel, viendo que no se echaba vino en el vaso.

—No; yo no bebo nunca.

—¿Ni cuando tiene usted que trabajar?

—Entonse, meno.

—¿Ha ejecutado usted algún anarquista?

—¿Anarquista? No sé lo que es eso.

—Y los que tú has matado..., ¿han muerto valientes? —preguntó el *Libertario*.

—Sí; casi tós. Yo los trato bien, aunque me esté mal el desirlo. No soy como el de antes, que les hasía sufrí aposta.

—Pero eso, ¿es verdad? —dijo Juan.

—Sí; iba borracho, y el hombre se dormía en la brega.

—¡Qué barbaridad! —exclamó el *Libertario*—. Y todos van templados, ¿eh?

—Tos. Pero tan templao como el *Diente*, ninguno. ¡Vaya un gaché! Entré en la capiya, y él estaba tendío. «¡Eh! —le dije—. Compare; soy el ejecutó de la justisia. ¿Me perdona?» «Sí, hombre, ¿por qué no?» «Anda, ponte esto», y le di la túnica. «Y esto, qué é? ¿E que me voy a vestí de máscara?» Echamos un sigarro, y como éramos paisanos, jablando de la tierra fuimo al tablao. Se sentó en el banquiyo, pero como era bajito no yegaba; entonse se levantó un poco y serró la argoya. «A ti te perdono —me dijo—, a estos farsantes, que les den morsiya. ¡Aprieta, y buena suerte!» Era un hombre el *Diente.*

—Y tal..., que debía ser un hombrecito —dijo el *Libertario,* sonriendo.

—Con él estrené yo el correaje nuevo..., porque yo no ato con cuerda. Lo veréis ustedes. ¡Chica! Trae esas correas para que las vean esto señore.

La mujer fatídica, con el niño en brazos, trajo una cincha negra, con varias hebillas brillantes. Todos hicieron un ademán de repulsión al verla.

—Y el aparato, ¿cómo es? —dijo el *Libertario.*

—El aparato..., mu sensiyo. Do planchas de asero que se ajuntan. Se pone así —y el verdugo cogió el frasco de vino por el cuello con su mano ancha y velluda—, y luego se hace ¡crac!, y ya está.

Juan, densamente pálido, se secaba la frente llena de sudor frío. Caruty recitaba en francés unos versos de Villon sobre la horca.

—Ya ve usted —siguió diciendo el verdugo—, estas correas las he tenío que pagar yo; pues no se lo agradesen a uno. Todavía lo quieren a uno desacreditá. Lo que me pasó en Almería con el cura y su sobrino. Vamo, ¡que me dio una ira! Teníamos que acabá con do, y fuimos el de Graná y yo, y echamos a suerte; a mí me tocó er cura. Bueno —dije—, ya que ha de sé uno de lo do, prefiero cargarme la corona. Pue bien, cuando iba en el tren, to el mundo se separaba de mí; voy a una posá y disen que no me dan de comé, y voy a otra y que me quieren reventá... ¡Redió! ¿Soy yo er que lo manda matá? ¿Soy yo el presidente de la Audiensia, que pone su firma en la sentensia de muerte? Entonse, ¿por qué me despresian a mí? ¿No le pasan el expediente de indulto al ministro y a la reina y lo niegan? Pues entonse mata la reina y el ministro y el presidente de la Audiensia y el jué y toos, tanto como yo... ¡Mardito sea el veneno! Pero hay que viví; que si no fuera por eso...

El verdugo se levantó para dejar las correas, cantando:

> Mala puñalá le den;
> mala puñalá le diera.

—Como uno de los tío de la taberna de esta calle —siguió diciendo al volver y sentarse—, que solía jugar a la brisca conmigo, y como e natural, una vese ganaba y otra perdía. Y la otra ve, porque perdió cuatro jugás seguías, me dijo: «¡Dió me libre de su mano de usté, compare!». ¡Mole! Si yo ya sé que soy el verdugo; si yo ya sé que tengo un ofisio mardesío...

Se veía que el hombre se rebelaba contra su ignominia. Luego le pasó el arrechucho y siguió diciendo:

—¿Y luego qué porvení tenemo lo verdugo? Ná; no tenemo jubilasión, y cuando uno e viejo, como el maestro Lorenso, de Graná, que el pobretico no tiene fuerza ni para mové el torno, a morirse de jambre. El verdugo de Fransia, sí, éste está bien; ése tiene treinta mil reale y jubilasión. A mí, si me dejasen, haría también dinero.

—Pues ¿qué haría usted? —le dijo Juan.

—¡Yo! ¿Qué haría? Alquilá una tienda o un entresuelo en la calle de Alcalá, y con mi chico haser ejecusiones en figuras de sera.

Todos hicieron un movimiento de asco. ¡Un verdugo de figuras de cera! La idea era macabra.

Quedaron largo tiempo silenciosos. Sonaron horas en un reloj de la vecindad.

—Vámonos —dijo el *Bolo* de pronto.

Se despidieron todos dando la mano al verdugo y salieron al paseo de Areneros. La noche estaba negra; el cielo, oscuro y sombrío como una amenaza.

—Dicen que es necesaria la pena de muerte —murmuró Juan—. Nosotros, los pobres, debíamos decir a los burgueses: «¿Queréis matar? Matad vosotros».

—Mientras haya desdichados con hambre —repuso el *Libertario*— habrá hombres capaces de ser verdugos.

—¿Qué pasaría si estos hombres llegasen a tener conciencia? —dijo Juan—. Una huelga de verdugos sería curiosa.

—Sería quitar un puntal a la sociedad —repuso el *Libertario*—. El verdugo, como el cura, como el militar y el magistrado, es uno de los sostenes de esta sociedad capitalista.

—¿Cuánto durarán todavía los verdugos? —preguntó el *Bolo*.

—Mientras los magistrados castiguen, mientras los militares maten, mientras los curas engañen... —contestó con voz sombría el *Libertario*—, los habrá.

Caruty recitó una canción de un condenado a muerte que escribe una carta a su querida desde la prisión de la Roquete, y le cuenta cómo oye con estremecimientos de angustia el ruido que hacen al armar la guillotina.

TERCERA PARTE

I

Las evoluciones del «Bolo». — Danton, Danton, ése era el hombre. — ¿Anarquía o socialismo?..., lo que gustéis.

Dejó de aparecer Juan por casa de Manuel. Éste creyó que estaría trabajando, cuando supo por los amigos que se encontraba malo, con un catarro terrible. Fue a buscarle, y lo vio en la casa de huéspedes muy abandonado, con mal aspecto. Tosía mucho, tenía las manos ardorosas y rosetas en las mejillas.

—Lo mejor es que vayas a casa —le dijo Manuel.
—Si no tengo nada.
—Vale más que vayas allá.

Fue, efectivamente, y al cabo de una semana de cuidados, Juan se puso mejor y volvió a la vida normal.

Mientras los demás peroraban en las reuniones de la taberna de Chaparro, Manuel se hizo amigo del *Bolo*, un zapatero de portal de la cale de Palafox, hombre bajito, rechoncho, encarnado, muy feo y algo cojo.

Una noche, el zapatero se presentó en casa de

Manuel a llevarle la *Historia de la Revolución francesa*, de Michelet. Al ver aquel tipo, la Salvadora, y sobre todo la Ignacia, exigieron a Manuel que no volviera más a aparecer por casa semejante hombre. Manuel se echó a reír, y por más que dijo que el *Bolo* era una buena persona, no llegó a convencer a las dos mujeres.

El *Bolo* procedía, políticamente, de los republicanos. Al principio, según decía, se había afiliado al partido socialista; pero después, viendo el aspecto gubernamental que iba tomando poco a poco el socialismo en España, y, sobre todo, la lucha que se entablaba entre socialistas y republicanos, se separó de los socialistas, considerándose ácrata. Como sus inclinaciones eran las de un hombre normal, no podía menos de encontrar bárbaro todo esto de las bombas y de la dinamita; pero delante de los *socialeros,* de las adormideras del socialismo, defendía la utilidad y la necesidad de los atentados.

En el fondo de su odio por los socialistas latía la idea de que ellos habían quitado toda la masa obrera al partido republicano, inutilizándolo, quizá para siempre, sólo con el calificativo de partido burgués. El *Bolo* no podía acostumbrarse a oír a los compañeros tratar sin consideración intelectual a hombres como Salmerón, Ruiz Zorrilla, que habían sido siempre sus ídolos; no podía acostumbrarse a oír tratar a estos hombres ilustres como reaccionarios sin relieve; figurones de cartón, más o menos serios, que barajaban con grandes aires de hierofante frases conceptuosas, sin ningún valor filosófico ni práctico.

La única satisfacción del zapatero como político era ver que los libertarios tenían casi como uno de los suyos a Pi y Maragall, y que el recuerdo del viejo y venerable don Francisco se conservaba en todos ellos con entusiasmo y con respeto.

Manuel tardó mucho tiempo en comenzar a leer la *Historia de la Revolución*. Al principio, le aburrió; pero luego, poco a poco, se sintió arrastrado por la lectura. Primero se entusiasmó con Mirabeau; luego, con los girondinos: Vergniaud, Petion, Condorcet; después, con Danton. Luego llegó a creer que Robespierre era el verdadero revolucionario; después, Saint-Just. Pero al último, la figura gigantesca de Danton fue la que más le apasionó. De los revolucionarios, el más desagradable le pareció Sieyes; el más simpático, Anacarsis Cloots, el ateo prusiano.

Sentía Manuel una gran satisfacción sólo por haber leído aquella historia. Algunas veces pensaba: «Ya no me importaría ser golfo, no tener dinero; habiendo leído la *Historia de la Revolución francesa*, creo que sabría ser digno».

Después de Michelet, leyó un libro acerca de la revolución del 48; luego, otro sobre la *Commune*, de Luisa Michel, y todo esto le produjo una gran admiración por los revolucionarios franceses. ¡Qué hombres! Además de los colosos de la Convención: Babeuf, Proudhon, Blanqui, Baudin, Delescluze, Rochefort, Félix Pyat, Valles... ¡Qué gente!

—Lo que se debía hacer —le dijo un día Morales a Manuel— es poner una encuadernación aquí al lado.

—¿Pero sólo para lo que se trabaja en casa? —preguntó Manuel.

—No, buscar un encuadernador que alquile la puerta de al lado, y a él le convendría estar junto a una imprenta, y a nosotros, tener aquí una encuadernación.

—Eso sí es verdad.

—Estése usted a la mira.

Se enteró Manuel, preguntó en varias imprentas, y ya iba a abandonar sus gestiones, cuando el dueño de *La Tijera,* periódico órgano de los sastres, le dijo:

—Yo conozco a un encuadernador que piensa mudarse de casa. Y tiene parroquia, porque trabaja bien.

—Pues voy a verlo.

—Le advierto a usted que es muy zorro. Como que es judío.

—¡Hombre, judío!

—Eso, ¿qué importa?

—Después de todo, nada. ¿Y cómo se llama?

—Jacob.

—¿Jacob? ¿Uno de barba negra, bajito? —preguntó Manuel.

—Sí.

—Entonces es amigo mío. Voy a verlo en seguida.

Le indicó el propietario de *La Tijera,* órgano de los sastres, dónde estaba la casa, y por la tarde Manuel fue a ver a Jacob. Llamó en un piso bajo, en una puertecilla, y pasó a la encuadernación.

Era un cuartucho con dos rejas a la calle, por las cuales entraba en aquel instante la luz del anochecer. Cerca de una ventana, Mesoda, la mujer de Jacob, cosía las hojas de un libro. En medio había una mesa grande, iluminada con dos bombillas eléctricas, y sobre la mesa, una niña doblaba unos pliegos impresos. El viejo judío, padre de Jacob, pegaba en el lomo de unos libros tiras de papel que antes embadurnaba con engrudo. A un lado de la mesa, en la zona de sombra, entre una prensa y la guillotina de cortar papel, andaba Jacob colocando pilas de libros sin cubierta aún.

En la pared, de un ancho listón de madera con escarpias, colgaban tijeras, punzones, compases, escuadras, reglas y otros instrumentos del oficio.

Manuel se dio a conocer, y toda la familia le agasajó en extremo; luego, cuando hizo la proposición de mudarse de casa a Jacob, éste, muy serio, presentó grandes dificultades; le perjudicaba el traslado; la casa era más cara; además, había que hacer gastos.

—Bueno —le dijo Manuel—, tú decídete; el trabajo que yo tengo de encuadernación te lo daré a ti si vas allá; ahora, si no quieres, no vayas.

Jacob volvió a lamentarse y a quejarse, y después de hacer prometer a Manuel una indemnización pequeña para gastos de traslado, se decidió a establecerse en la vecindad de Manuel.

Como había supuesto Morales, fue esto muy ventajoso; se evitaban el llevar y el traer los pliegos a la encuadernación; además, Jacob trabajaba más barato y proporcionaba parroquia.

Morales solía ir con mucha frecuencia a casa de Manuel por la noche, y allí discutía, sobre todo con Juan. Los Rebolledo terciaban también en las discusiones.

Manuel no pensaba afiliarse a ningún partido; pero, en medio de aquel ambiente apasionado, le gustaba oír y orientarse.

De las dos doctrinas que se defendían, la anarquía

y el socialismo, la anarquía le parecía más seductora; pero no le veía ningún lado práctico; como religión, estaba bien; pero como sistema político-social, lo encontraba imposible de llevarlo a la práctica.

Morales, que había leído libros y folletos socialistas, llevaba las discusiones por caminos distintos que Juan, y consideraba las cosas desde otro punto de vista. Para Morales, el progreso no era más que la consecuencia de una lenta y continua lucha de clases, terminada en una serie de expropiaciones. El esclavo expropiaba a su amo al hacerse libre; el noble expropiaba al villano y nacía el feudalismo; el rey, al noble, y nacía la Monarquía; el burgués, al rey y al noble, y llegaba la revolución política; el obrero expropiaría al burgués y vendría la revolución social.

El aspecto económico, que Morales encontraba el más importante, para Juan era secundario. Según éste, el progreso era únicamente el resultado de la victoria del instinto de rebeldía contra el principio de autoridad.

La autoridad era todo lo malo; la rebeldía, todo lo bueno; la autoridad era la imposición, la ley, la fórmula, el dogma, la restricción; la rebeldía era el amor, la libre inclinación, la simpatía, el altruismo, la bondad...

El progreso no era más que esto: la supresión del principio de autoridad por la imposición de las conciencias libres.

Manuel, algunas veces, decía:

—Yo creo que lo que se necesita es un hombre... un hombre como Danton.

Morales y Juan trataban de demostrar sus ideas con argumentos. Morales afirmaba que las predicciones socialistas se verificaban. La concentración progresiva del capital era un hecho comprobado. La máquina grande mataba la pequeña; el almacén, la tiendecita; la posesión, la heredad. El gran capital iba absorbiendo al pequeño; las sociedades en comandita y las compañías absorbían al gran capital; los *trusts* absorberían a las sociedades; todo iba pasando a un número de manos más reducido; todo iba convergiendo a un poseedor único, hasta que el Estado, la colectividad, expropiaría a los expropiadores, se posesionaría de la tierra y de los instrumentos de trabajo.

Mientras la evolución se verificaba, los capitalistas chicos, expropiados, y los trabajadores actualmente burgueses, como médicos, abogados, ingenieros, irían engrosando la masa obrera intelectualizándola, lo que apresuraría la revolución social.

Replicaba Juan que si era verdad este movimiento de concentración, era también cierto que existía contrario, y quizá mayor que éste, un impulso de difusión, y que en Inglaterra y Francia, la propiedad, sobre todo territorial, tendía al fraccionamiento, a la diseminación, y que esto no sólo ocurría con la tierra, sino también con el dinero, que se iba democratizando. En Francia, sobre todo, el número de contribuyentes con cinco mil pesetas de renta había cuadruplicado desde la tercera República.

—En el fondo, llegáis los dos a la misma conclusión —decía Manuel—; a la necesidad de generalizar la propiedad; sólo que Morales quiere que esto lo haga el Estado y tú quieres que se haga libremente.

—Yo no veo la necesidad del Estado —decía Juan.
—Pero el Estado se impone —replicaba Morales—. Nosotros no decimos un Estado tal como es ahora, sostenido por el capitalismo y el Ejército, sino un centro de contratación..., el Municipio, por ejemplo.
—Pero ¿para qué queremos ese centro?
—Para realizar las obras comunes, útiles a todos, y además para impedir el desarrollo de los egoísmos.
—Vamos entonces al despotismo —replicaba Juan.
—No; el Ayuntamiento de un pueblo suizo ejerce actualmente una acción en los individuos más fuerte que el de San Petersburgo, pero es una acción útil. Uno que nace en Basilea tiene, desde que nace, la atención del Estado; el Estado le vacuna, el Estado le educa y le enseña un oficio; el Estado le da alimentos baratos y sanos; el Estado le envía un médico gratis cuando está enfermo; el Estado le consulta por un plebiscito, por si hay que hacer reformas en las leyes o en las calles; el Estado le entierra gratis cuando se muere...
—Pero eso es una tiranía.
—Una tiranía, ¿por qué?
—Vivir uniformados, haciendo todos lo mismo...
—Uniformados, no. Haciendo todos lo mismo, en parte sí. Porque todos comemos, dormimos y paseamos. Nosotros no queremos la uniformidad en la vida de una nación, y menos aún en la vida de los individuos; que cada Municipio tenga su autonomía, que cada hombre viva como quiera sin molestar a los demás. Nosotros no queremos más que organizar la masa social y dar forma práctica a la aspiración de todos de vivir mejor.
—Pero a costa de la libertad...

—Eso es según a lo que se llame libertad. La libertad absoluta llevaría a la concurrencia libre. El fuerte se tragaría al débil.

—No; ¿para qué?

—Son ustedes unos visionarios. Afirman ustedes brutalmente la individualidad, y cuando se les dice que el individuo puede extralimitarse en el uso de la libertad, no lo creen.

Con estas discusiones, Manuel iba haciéndose cargo de la cuestión, en sus distintos puntos de vista, y al mismo tiempo, aunque no tuviese una dependencia directa, comprendía y se explicaba otras muchas cosas que antes no se había tomado el trabajo de comprender.

Esta actitud suya de expectación le hacía ecléctico; unas veces estaba con su hermano; otras, con Morales.

Manuel no encontraba mal el anarquismo como necesidad de cambio de valores. Comparando este período con el anterior a la Revolución francesa, encontraba que los anarquistas de hoy eran, en menor intensidad y en menor altitud, algo semejantes a los filósofos de entonces. Lo que le parecía absurdo y estúpido a Manuel era el procedimiento anarquista. En cambio, respecto al socialismo, que defendía Morales, le parecía lo contrario; le resultaba antipático el plan y su sistema de organización del trabajo por el Estado, sus bonos, sus almacenes nacionales, su intento de hacer del Estado un Proteo monstruoso (panadero, zapatero, quincallero), y de convertir el mundo en un hormiguero de funcionarios, marchando todos al compás. A esto Morales decía que el socialismo, por boca de Bebel, había dicho que toda concepción sobre la futura sociedad socialista no tenía ningún valor.

En principio, a Manuel, la teoría socialista le parecía mucho más útil para el obrero que la de los anarquistas.

El anarquismo se consideraba siempre en vísperas de un cambio total, de una revolución completa. Se encontraba en el caso del que le ofrecen un empleo modesto para vivir y lo desprecia, porque cree que va a heredar una gran fortuna. O todo o nada. Y los anarquistas esperaban la revolución como los antiguos el santo advenimiento, como un maná, como una cosa que vendría sin esfuerzos pesados y molestos.

—¿Pero no es más lógico —decía Morales— reunir las energías de toda la clase, para ir avanzando poco a poco, hasta llegar a un gran desarrollo, que no esta revolución providencial de los anarquistas, que es una cosa como los polvos de la madre Celestina, para traer la felicidad del mundo?

Juan sonreía.

—La anarquía hay que sentirla —solía decir.

—Pero ¿por qué no han de aceptar ustedes la asociación? Es la mayor defensa del proletariado. Ustedes no admiten más que la propaganda individual por la idea o por el hecho. La propaganda de la idea es, al cabo de poco tiempo, para un señor que hace un periodiquito, un buen negocio, y la propaganda, por el hecho, es sencillamente un crimen.

—Para los burgueses, sí.

—Para todo el mundo. Matar, herir, es un crimen.

—Puede ser un crimen conveniente.

—Sí, puede serlo. Pero si esta doctrina se aceptara

tendría unas consecuencias horribles. No habría bandido ni déspota que no afirmara la conveniencia de sus crímenes.

—La anarquía hay que sentirla —terminaba diciendo Juan.

Manuel casi siempre se inclinaba del lado de Morales.

Las discusiones con los amigos de Morales, que eran todos socialistas, le hacían ver a Manuel el lado flaco del anarquismo militante.

Según ellos, la idea anarquista iba perdiendo su virulencia rápidamente, y ya, al menos entre los obreros, no asustaba a nadie. El mismo radicalismo de las teorías fatigaba a la larga, se llegaba en la anarquía pronto al fin, y el fin era un dogmatismo como otro cualquiera. Luego la predicación de la rebeldía terminaba en los espíritus independientes en ser rebelión contra el dogma, y nacían los libertarios, los ácratas, los naturistas, los individualistas..., y el anarquismo, con su crítica destructora, se destruía y se descomponía a sí mismo. Se había disgregado, fundido; había entrado en su cuerpo de doctrina el germen de la descomposición, y quedaba del anarquismo lo que debía quedar: su crítica de negación política, su metafísica, su filosofía libre y la aspiración de un cambio social.

En todas partes sucedía lo mismo. El dogma anarquía, con su andamiaje de principios, marchaba a la bancarrota, y al mismo tiempo que el desprestigio del dogma, venía el de sus defensores y propagandistas. Después de los Quijotes de la anarquía, de los filósofos nihilistas, de los sabios, de los sociólogos, de los anarquistas dinamiteros, venían los anarquistas editores, Sancho Panzas del anarquismo, que vivían del dogma y explotaban a los compañeros con periodiquitos, en donde se las echaban de importantes y de grandes moralistas.

Estos buenos Sanchos largaban su sermón plagado de lugares comunes de sociología callejera, hablaban de la abulia, de la degeneración burguesa, de la amoralidad y del egotismo; en vez de citar a Santo Tomás, citaban a Kropotkin o a Juan Grave; definían lo lícito y lo ilícito para el anarquista; tenían la exclusiva de la buena doctrina; sólo ellos despachaban en su tienda el verdadero paño anarquista; los demás eran viles falsificadores vendidos al Gobierno. Tenían la manía de decir que eran fuertes y sonrientes, y que vivían sin preocupaciones, cuando la mayoría de ellos eran pobres animales domésticos, que se pasaban la vida haciendo artículos, poniendo fajas a los paquetes postales de sus periódicos y reclamando el dinero a los corresponsales morosos.

Cada pequeño mago de éstos reunía un público de papanatas que le admiraba, y ante quienes ellos hacían la rosca como pavos reales, y tenían una petulancia tal, que no era raro ver que el más insignificante Pérez se encarara desde su periodiquín con Ibsen o con Tolstoi, y le llamara viejo cretino, cerebro enfermo, y hasta le expulsara del partido como indigno de pertenecer a él.

En Madrid eran dos los periódicos que se disputaban el público anarquista: *La Anarquía* y *El Libertario,* y los dos se odiaban cordialmente.

El odio entre La Anarquía y El Libertario era un odio de Empresa. El dueño de La Anarquía había llegado hacía unos años a defender las ideas libertarias en un sentido radical y científico, y con la aparición de su periódico mató las publicaciones ácratas anteriores. Poco a poco, al asegurar la vida económica de La Anarquía, el propietario, sin darse él cuenta quizás, había moderado su radicalismo, quitando *jierro*, como se dice vulgarmente, considerando la idea como un diletantismo, y este momento lo aprovecharon los de El Libertario para echar su periódico a la calle. Inmediatamente la escisión se produjo.

Trataban los de una y otra publicación de demostrar que les separaban ideas, principios, una porción de cosas, y lo único, en el fondo, que les separaba era una cuestión de perras chicas.

Para los socialistas, la importancia que el anarquismo activo tenía en España era consecuencia de la torpeza del Gobierno. En ningún lado, según ellos, eran tan ineptos los hombres de la anarquía militante como en España; ni un escritor, ni un orador, ni un hombre de acción; sólo la torpeza del Estado podía dar relieve a hombres de una insignificancia tan absoluta. Con un Gobierno libre, como el de Inglaterra, aseguraban ellos, al año ya no se sabría si había anarquistas o no en Espña.

Según los amigos de Morales, la crisis, aunque existía también en el socialismo activo, no era tan honda. Los oradores y los escritores del partido socialista no tenían el atrevimiento de ser pastores de conciencias; se contentaban con recomendar la asociación y con poner los medios para mejorar la vida de las clases obreras. Aun la misma cuestión de la doctrina se subordinaba a la asociación para la lucha.

—Nosotros —terminaba diciendo Morales— tendemos a la organización, a la disciplina social, que en todas partes es necesaria, y en España más.

Esto de la disciplina hacía torcer el gesto a Manuel; le parecía mejor aquella frase dantoniana: «¡Audacia! ¡Audacia! ¡Siempre audacia!», pero no decía nada, porque era burgués.

Como es natural y frecuente entre sectarios de ideas afines, socialistas y anarquistas se odiaban, y como en el fondo, y a pesar de los nombres pomposos, la evolución de las ideas en los dos partidos era bastante superficial, unos y otros se insultaban en las personas de sus repectivos jefes, que eran unos buenos señores que, convencidos de que el divino papel que representaban era demasiado grande para sus fuerzas, hacían lo posible para sostenerse en el pedestal en que estaban subidos.

Para los socialistas, los otros eran unos imbéciles, locos que había que curar, o pobres ingenuos, capitaneados por caballeros de industria, que se pasaban de cuando en cuando por el Ministerio de la Gobernación.

En cambio, para los anarquistas, los *socialeros* eran los que se vendían a los monárquicos, los que se pasaban de cuando en cuando por el Ministerio a cobrar el precio de su traición.

Los dirigidos, en general, en uno y otro bando, valían mucho más que los directores; eran más ingenuos, más crédulos, pero valían más, como carácter y como arranque, entre los anarquistas que entre los socialistas.

Al bando anarquista iban sólo los convencidos y exaltados, y al ingresar en él sabían que lo único que les esperaba era ser perseguidos por la Justicia; en cambio, en las agrupaciones socialistas, si entraban algunos por convencimiento, la mayoría ingresaba por interés. Estos obreros, socialistas de ocasión, no tomaban de las doctrinas más que aquello que les sirviera de arma para alcanzar ventajas: el societarismo, en forma de sociedades de socorros o de resistencia. Este societarismo les hacía autoritarios, despóticos, de un egoísmo repugnante. A consecuencia de él, los oficios comenzaban a cerrarse y a tener escalafones; no se podía entrar a trabajar en ninguna fábrica sin pertenecer a una Sociedad, y para ingresar en ésta había que someterse a su reglamento y pagar, además, una gabela.

Tales procederes constituían para los anarquistas la expresión más repugnante del autoritarismo.

Casi todos los anarquistas eran escritores y llevaban camino de metafísicos; en cambio, entre los socialistas abundaban los oradores. A los anarquistas les entusiasmaba la cuestión ética, las discusiones acerca de la moral y del amor libre; en cambio a los socialistas les encantaba perorar en el local de la Sociedad, constituir pequeños Congresos, intrigar y votar. Eran, sin duda, más prácticos. Los anarquistas, en general, tenían más generosidad y más orgullo, y se creían todos apóstoles, hombres superiores. Se figuraban muchas veces que con cambiar el nombre de las cosas cambiaba también su esencia. Para la mayoría era evidente que desde el momento en que uno se declaraba anarquista ya discurría mejor, y que en el acto de ponerse esta etiqueta cogía uno sus defectos, sus malas pasiones, sus vilezas todas y las arrojaba fuera como quien echa la ropa sucia a la colada.

De buenas intenciones y de buenos instintos, excepto los impulsivos y los degenerados, hubiesen podido ser, con otra cultura, personas útiles; pero tenían todos ellos un vicio que les imposibilitaba para vivir tranquilamente en su medio social: la vanidad. Era la vanidad vidriosa del jacobino, más fuerte cuanto más disfrazada, que no acepta la menor duda, que quiere medirlo todo con compás, que cree que su lógica es la única lógica posible.

En general, todos ellos, por el sobrecargo que representaba la lectura y las discusiones después de un trabajo fuerte y fatigador, por el abuso que hacían del café, estaban en excitación constante, que aumentaba o remitía como la fiebre. Unos días se notaba en todos ellos la fatiga y la desilusión; otros, en cambio, el entusiasmo se comunicaba y había una verdadera borrachera de hablar y de pensar.

Los dos partidos obreros, con sus hombres, representaban en la clase proletaria los partidos burgueses: el socialismo, el conservador, oportunista, prudente; el anarquismo, el paralelo al republicano, con las tendencias levantiscas de los partidos radicales.

La diferencia entre estos partidos, las agrupaciones de la burguesía, estaba, más que en las ideas, en los hombres. Ambos partidos obreros tenían la seguridad de no llegar nunca al Poder; en sus filas se alistaban hombres exaltados o creyentes, a lo más algunos interesados; pero no ambiciosillos de dinero o de gloria, como en las oligarquías burguesas. Les daba sobre éstas una gran superioridad a los dos partidos obreros su internacionalismo, que hacía que buscasen sus hombres tipo, sus modelos, más bien fuera que dentro de España. La táctica de la adulación, del servilismo, empleada para escalar puestos en las oligarquías burguesas, liberales, conservadoras o republicanas, no servía para nada entre socialistas y anarquistas...

A veces, cuando discutían en el despacho de la imprenta, solía entrar Jacob el judío a preguntar si los pliegos tales o cuales estaban o no tirados. Oía las discusiones, las apologías entusiastas del socialismo y de la anarquía, y nunca decía su opinión. Indudablemente, no le interesaba nada aquello. Para él eran los que se debatían asuntos de otra raza, de hombres de otra religión, y le eran perfectamente indiferentes.

II

Paseo de noche. — Los devotos de Santa Dinamita. El Cerro del Pimiento.

Había dicho el médico que Juan se encontraba enfermo de gravedad; le recomendó que estuviese el mayor tiempo posible al aire libre; casi todos los días que hacía bueno salía a pasear.

Juan tosía mucho; tenía grandes fiebres y sudaba hasta derretirse. Mientras estuvo así, la Salvadora y la Ignacia no le dejaron salir de casa. La Ignacia dijo que si sus amigos los anarquistas iban a visitarle, ella los despacharía a escobazos.

La Salvadora y la Ignacia cuidaban a Juan, le instaban para que descansara; no le dejaban trabajar.

A Manuel, entonces, se le ocurrió si la Salvadora estaría enamorada de su hermano. En este caso, él era capaz de marcharse de casa, decir que se iba a América y pegarse un tiro.

Tenía Manuel con esta idea una gran preocupación moral y se sentía inquieto. Si su hermano quería también a la Salvadora, ¿qué debía desear él? ¿Que viviese o no? Estas dudas y casos de conciencia le perturbaban.

Le obsesionaba la enfermedad de Juan, y cuando se libertaba de esta idea, le asaltaba otra: el temor por la marcha de la imprenta, o un miedo pueril por un peligro lejano.

Juan, a pesar de las recomendaciones del médico, no reposaba. Se había agenciado veinte o treinta libros anarquistas, y continuamente estaba leyendo o escribiendo. Se veía que ya no vivía más que por su idea.

Sin decir a nadie nada, había vendido *Los rebeldes* y el busto de la Salvadora, y el dinero lo había dado para la propaganda.

Manuel, muchas veces en la calle, se encontraba con algunos obreros desconocidos, que se le acercaban tímidamente:

—¿Cómo está su hermano? —le preguntaban.

—Está mejor.

—Bueno, eso quería saber. ¡Salud! —y se marchaban.

—Mira —le dijo un día Juan a Manuel—, vete al Círculo del Centro, y diles que mañana por la tarde iré a la Aurora y que hablaremos.

Manuel fue a un círculo que estaba próximo a la calle del Arenal. Una porción de gente, a quien no conocía, le preguntó por Juan; al parecer, tenían por él un gran entusiasmo. Vio al *Libertario*, al *Madrileño* y a Prats.

—¿Cómo está Juan? —le dijeron.

—Ya va mejor. Mañana os espera en la taberna.

—Bueno; ¿qué, te vas?

—Sí.

—Espera un momento —le dijo el *Libertario.*

Estaban discutiendo una huelga de canteros. Manuel se cansó de una discusión que para él no tenía interés, y dijo que se marchaba.

—Nos iremos nosotros también.

Salieron con Manuel, Prats, el *Libertario* y el *Madrileño.*

Estos dos últimos tenían que andar siempre juntos mortificándose.

El anarquismo del catalán era, sobre todo, catalán, y Barcelona el modelo ideal de anarquismo, de industria, de cultura; en cambio, el *Madrileño,* bastaba que una cosa fuera catalana para que le pareciera mala.

—Allá no hay más que pacotilla —decía el *Madrileño*—; desde los géneros de punto hasta el anarquismo, todo es ful.

—Y aquí, ¿qué hay en este pueblo indecente? —replicó Prats—. Si esto debían convertirlo en cenizas.

—¿Aquí? Aquí hay la mar de sal.

—Aquí..., chistes es lo que saben hacer. ¡Cochina *rasa!*

—Dejad eso... —gritó el *Libertario*—. ¡Vaya unos anarquistas! Se pasan la vida discutiendo si valen más los castellanos o los catalanes. Y luego quieren que desaparezcan las fronteras.

Manuel se echó a reír.

Siguieron los cuatro por la calle del Arenal, atravesaron la Puerta del Sol y subieron por la calle de Preciados.

—Es que a mí me da asco lo que pasa aquí —dijo

Prats—. Esto está muerto... En aquella época, en Barcelona, allí había alma..., aunque éste no lo crea —y señaló al *Madrileño*; después siguió, dirigiéndose a Manuel—: Había agitación, que es lo que se necesita; solíamos dar conferencias bíblicas, y teníamos reuniones en donde cada noche se explicaba un punto de las ideas libertarias. Nosotros los convencíamos a los estudiantes y a los hijos de los burgueses, y los atraíamos a nuestro campo. Recuerdo en una reunión de éstas a Teresa Claramunt, embarazada, que gritaba furiosa: «¡Los hombres son unos cobardes! ¡Mueran los hombres! ¡Las mujeres haremos la revolución!...».

—Sí, fue una época de fiebre de todo el pueblo entero —dijo el *Libertario*.

—¡Sí, fue! En todas partes se daban mítines de propaganda, se hacían bautizos anarquistas, matrimonios anarquistas, se mandaban proclamas a los soldados para que se indisciplinaran y no fueran a Cuba, y gritábamos en los teatros: «¡Muera España! ¡Viva Cuba libre!...». Luego, ya hubo día en que las calles de Barcelona estuvieron dominadas por los anarquistas.

—¡Bah! —exclamó el *Madrileño*.

—Que lo diga éste.

—Sí, es verdad —contestó el *Libertario*—; hubo días en que los polizontes no se atrevieron a dar la cara a los anarquistas; en el Centro de Carreteros, en el Club de la Piqueta Demoledora y en algunos otros sitios había bombas cargadas y botellas explosivas puestas en los armarios a la vista de todos los socios y al servicio del que las pidiera.

—¡Qué barbaridad! —dijo Manuel.

—Y eran bonitas las bombas —añadió el *Libertario*—; había unas en forma de naranja, otras de pera, otras eran de cristal, redondas, con balas también de cristal, que pesaban muy poco.

—A todas las llamábamos *correcames* —repuso Prats—, lo que llaman aquí los chicos carretillas... ¿Te acuerdas —preguntó al *Libertario*— cuando pasábamos en grupos y nos saludábamos gritando: *¡Salud y bombes d'Orsini!*...? Un día nos comprometimos más de doscientos a entrar en la Rambla, un domingo por la tarde, echando bombas a un lado y otro.

—Y no hicisteis nada —dijo el *Madrileño*—. *Pa* mí que los catalanes son muy blancos para eso.

—¡Quia, no! —replicó el *Libertario*—. Es gente templada.

—Sí, lo será —replicó el *Madrileño*—; pero yo te digo a ti que estuve en Barcelona trabajando cuando la bomba de Cambios Nuevos, y pude ver el valor tan decantado de los anarquistas catalanes. Empezaron a encerrar gente en Montjuich, y había que ver la *jinda*. Todos aquellos señoritos, que se las echaban de terribles y que no les importaba la vida tres pepinos, empezaron a correr como liebres. Unos se metieron en Francia, otros se escondieron en el campo..., y los que cayeron, todos o casi todos renegaron de la idea; el uno era federal, el otro librepensador, el otro regionalista; pero anarquista, ninguno...; un hatajo de sinvergüenzas.

—No tienes razón —dijo el *Libertario*.

—No; casi nada.

Siguieron bajando por la calle Ancha, y se cruzaron con Caruty, que iba oliendo a éter, encogido, envuelto en un gabán desgarrado.

Caruty les saludó estrechándoles la mano con toda su fuerza.

—Vengo de dejar a Avellaneda —dijo—. Está un hombre admirable. Él se ha comprado un pequeño perro y unos dientes postizos. Hoy ya no tenía demasiado dinero: «Vamos a cenar en la Bombilla». Hemos cenado, efectivamente; yo he recitado los versos de papá Verlaine, y él ha principiado los suyos; pero los dientes que venía de comprar le molestaban mucho y, al comenzar su poesía, *Los desesperados,* me ha dicho: «Espera un momento», y él se ha metido los dedos en la boca y ha agarrado la dentadura y la ha arrojado por la ventana, y ha seguido recitando sus versos. ¡Pero con un fuego, con una *verva*! ¡Y una *dignitá* en el ademán! Tiene una *pose* amplia ese hombre. Sí. Está un poeta admirable —dijo Caruty, convencido.

Siguieron los cinco por la calle Ancha. Se detuvieron cerca de casa de Manuel, delante de una fábrica. Por los ventanales se veía el local ancho, iluminado fuertemente, y los grandes volantes negros que giraban zumbando; los reguladores de Watt, de acero, unos con las bolas muy separadas que volteaban con rapidez, otros con las bolas juntas.

—¿Te vas ya? —le dijo a Manuel el *Libertario*—. Hace una hermosa noche.

—¡Hombre! Entraré en casa a decir que se acuesten.

Subió rápidamente sin hacer ruido, y pasó al comedor.

—Voy a dar una vuelta —le dijo a la Salvadora.

—Bueno.

—¿Y Juan?

—Acostado.

—Acuéstate tú también.

Salió. Los cinco entraron por la calle de Magallanes, entre las dos tapias. Era una de esas noches negras en las que no se ve dos pasos más allá. Hacía una temperatura suave, tibia. Al principio de la calle estrecha, la luz de un farol oscilaba con el viento y alumbraba el suelo lleno de piedras; luego, en la oscuridad, se divisaban vagamente las tapias, y por encima las copas negras de los cipreses. Los alambres del telégrafo zumbaban misteriosamente.

—Una noche también muy negra —dijo el *Libertario*— fuimos, en Barcelona, al Tibidabo unos amigos, entre ellos Angiolillo. Los catalanes cantaban trozos de óperas de Wagner. Angiolillo empezó a cantar canciones napolitanas y sicilianas y le hicieron callar. Decían los catalanes que la música italiana era una porquería. Angiolillo calló, se apartó del grupo y cantó a media voz las canciones de su tierra. Yo me reuní con él. Íbamos por el monte cuando de pronto, a lo lejos, oímos la marcha de *Tannhäuser*, que entonaban los otros coros; había salido la luna llena. Angiolillo enmudeció, y en voz baja murmuró varias veces: *Oh, come è bello!*

Llegaron los cuatro al cementerio de San Martín y se sentaron delante de un patio; en la oscuridad, los altos cipreses se erguían majestuosos.

Caruty habló de sus paseos con el papá Verlaine, borracho, por las calles de París; de las frases rotundas y brillantes de Laurent-Tailhade y de sus conversaciones con Emilio Henry.

—Aquél estaba un joven hombre terrible —exclamó Caruty—; solía ir a Londres por bombas y las llevaba a París sin que lo notara nadie.

—Pero eso de poner bombas así es una barbaridad. —dijo Manuel.

—Al terrorismo de Estado no hay más remedio que contestar con el terrorismo anarquista —exclamó el *Libertario*.

—Pero hay que confesar que los provocadores son siempre los anarquistas —replicó Manuel.

—No; no es cierto. El primer provocador ha sido el Gobierno.

—¿En España también?

—Sí; en España también.

—Pero yo creo que antes de los atentados no iba a comenzar la represión.

—Pues se comenzó —repuso el *Libertario*—. Cuando Lafargue, el yerno de Karl Marx, vino a España a pactar con Pi y Margall la formación del partido socialista obrero, Pi le contestó que la mayoría de los españoles que habían seguido la marcha de la Internacional estaban al lado de Bakunin. Y era verdad. Vino la restauración y se trató de arrancar violentamente esta semilla revolucionaria. Ya con la Mano Negra, que no era más que un comienzo de asociación obrera, el Gobierno cometió un sinfín de atropellos y quiso ver en ella una cuestión de bandolerismo... Pasados bastantes años, vienen los sucesos de Jerez, se demuestra que Busiqui y el *Lebrijano*, que eran dos bárbaros que no se habían distinguido como anarquistas, ni como nada, habían asesinado a dos personas, y se les agarrota; pero al mismo tiempo que a ellos se agarrota a Lamela y a Zarzuela, que eran anarquistas, pero que no tenían participación alguna en los asesinatos. Se les mató porque eran propagandistas de la idea. El uno era corresponsal de *El Productor* y el otro de *La Anarquía*; los dos incapaces de matar a nadie, los dos inteligentes; por eso más peligrosos para el Gobierno, cuyo fin era exterminar a los anarquistas. Pasan años, y Pallás comete, para vengar a los de Jerez, el atentado de la Gran Vía. Fusilan a Pallás, y Salvador echa la bomba desde el quinto piso del Liceo. Se prende a una porción de anarquistas, y cuando iban a condenar a Archs, Codina, Cerezuela, Sabat y Sogas, como culpables, encuentran a Salvador, el autor del atentado. Entonces, viendo que estos cinco anarquistas se les escapaban de entre las manos, ¿qué hace el Gobierno? Manda abrir nuevamente el proceso de Pallás, y como cómplices, fusila a los cinco. Agarrota a Salvador, y luego viene una cosa estupenda: la bomba de la calle de Cambios Nuevos, que cae desde una ventana al final de una procesión. No la echan cuando pasan los curas ni el obispo, ni cuando pasa la tropa, ni cuando pasa la burguesía; la echan entre la gente del pueblo. ¿Quién la arrojó? No se sabe; pero seguramente no fueron los anarquistas; si alguien tenía interés entonces en extremar la violencia, era el Gobierno, eran los reaccionarios, y yo pondría las manos en el fuego apostando a que el que cometió aquel crimen tenía relaciones con la Policía. Se consideró el atentado como un ataque a la fuerza armada, se proclamó el estado de sitio en Barcelona y se hizo un copo de todos los elementos radicales, que fueron a parar a Montjuich. Se fusiló a Molás, Alsina, Ascheri, Nogués y Mas. De éstos, todos, menos Ascheri, eran inocentes. Después viene Miguel

Angiolillo —concluyó diciendo el *Libertario*—, que había leído en los periódicos franceses lo que estaba pasando en Montjuich, oye a Enrique Rochefort y al doctor Betances, que achacaban la culpa de todo lo ocurrido a Cánovas, de quien decían horrores; llega a Madrid; aquí habla con algunos compañeros, le confirman lo dicho por los periódicos franceses; va a Santa Águeda y mata a Cánovas... Ésta ha sido la obra del Gobierno y la réplica de los anarquistas.

Manuel no podía comprobar si esta versión era cierta o no; tenía bastante confianza en el *Libertario*, pero podía estar engañado por sus entusiasmos de fanático.

—Yo lo que no puedo creer —dijo Manuel— es que la Policía haya llegado a producir un atentado sólo para extremar la represión.

—¡Pues si eso se ha visto aquí en pequeño! —exclamó el *Madrileño*—. Cuando el complot de la calle de la Cabeza..., en lo de los Cuatro Caminos. Se puede decir que cuando en un círculo de obreros anarquistas aparecen cartuchos de dinamita, proceden de la Policía.

—¿Sí?

—Sí, hombre, sí —dijo el *Libertario*—. Ascheri, uno de los que fusilaron en Montjuich, había sido de la Policía. Cuando un anarquista trabaja por su cuenta, nadie lo suele saber, ni aun sus compañeros muchas veces.

—Es verdad —dijo Prats—. Yo me acuerdo de Molás, uno de los que fusilaron en Montjuich, cuando hacía sus primeras pruebas con la dinamita. Molás era ladrón y solía vivir temporadas robando. Algunas veces pasaba mucho tiempo sin que se le viera. Yo una vez le dije: «¿Qué haces?». «¿A ti qué te importa? ¡Yo trabajo por la causa!», me contestó. Una noche me dijo: «¡Anda, ven si quieres a ver lo que hago!» Echamos a andar, y ya por la mañana llegamos a un sitio desierto donde no había más que un tejar. Sacó de un agujero del suelo un tubo de hierro de una cañería. Por lo que me dijo, estaba cargado de dinamita. Arrimó el tubo al tejar, le puso una mecha, la encendió y echamos a correr. Hubo una explosión formidable. Al volver no se veía más que un agujero en el suelo; del tejar no quedaba ni rastro.

—¿Es que no sabían en Barcelona hacer bombas que estallaran al choque? —preguntó Manuel.

—No.

—Y luego, ¿cómo aprendieron?

—Un relojero suizo hizo las primeras, que pasaron de mano en mano como curiosidad —contestó Prats—; luego aprendieron a hacerlas los cerrajeros, y como los trabajadores de Barcelona son tan hábiles...

—¿Y la dinamita?

—De eso todo el mundo tenía la receta. Luego no sé quién trajo un *Indicador anarquista* con una porción de fórmulas.

—Un amigo mío —dijo el *Madrileño*—, que era mecánico, había escrito un catecismo para su hijo, y le examinaba al chiquillo delante de nosotros. Recuerdo las primeras preguntas, que decían así: «¿Qué es la dinamita, niño?» «La dinamita es una mezcla de arena y de nitroglicerina, que se hace detonar por medio de la cápsula de un fulminante.» «¿Cómo se prepara la dinamita, niño?» «Se prepara primero la nitroglicerina, tratando la glicerina por una mezcla, en frío, de ácido nítrico y de ácido sulfúrico, y luego se mezcla con una sustancia inerte.» El chico sabía cómo se hacían todas las bombas y todos los explosivos. Cuando al padre le llevaron a Montjuich nos solía decir: «Yo no sé si me matarán, pero tengo un consuelo: que mi hijo sabe hacer dinamita».

Se levantaron todos del banco porque sentían frío. Comenzaba a amanecer. La luz fina y velada de la mañana iba filtrándose entre las nubes de un gris de estaño. Desde el repecho de una colina vieron la cavidad inmensa del Tercer Depósito, que estaban construyendo. Siguieron después el canalillo, con sus filas de chopos, sin hojas, al lado de la cinta de agua que brillaba y se curvaba en mil vueltas.

—Y eso de las órdenes del Comité Central de Londres, ¿es verdad? —preguntó Manuel.

—¡Quia, hombre! Son leyendas —replicó el *Libertario*—. No ha habido nunca tales órdenes.

Ya la claridad de la mañana se esparcía por la tierra, sembrada de hierba. El cielo se llenaba de nubes pequeñas y blancas, como vellones de lana, y en el fondo, cortando el horizonte, iba apareciendo el Guadarrama, orlado por la claridad del día.

Un labrador sembraba marchando detrás del arado; sacaba el grano de una espuerta que le colgaba del cuello y echaba un puñado de semilla al aire, que brillaba un momento como una polvareda y caía en los surcos de la tierra oscura.

Caruty cantó una canción en *argot* campesino, en la que se llamaba ladrones y canallas a los propietarios. Después entonó la *Carmañola anarquista*:

Ça ira, ça ira, ça ira
tous les bourgeois à la lanterne

*ça ira, ça ira, ça ira,
tous les bourgeois on les pendra.*

Y saltaba el hombre exagerando los movimientos de una manera grotesca...

Había aclarado ya el campo; algún tinte de rosa brotaba en el cielo; el Guadarrama iba apareciendo velado por nieblas alargadas y blancas; cerca surgía una como ciudad amurallada, con una tapia de ladrillos y unas casitas pequeñas de tejados rojos, con una iglesia en medio. Un sendero violáceo a la claridad de la mañana iba ondulando por el campo hasta llegar a aquella aldea roja. Se acercaron a ella. Desde un altozano se veía el interior. En una de las casetas ponía: «Desinfección».

—Éste es el hospital del Cerro del Pimiento —dijo el *Libertario*.

Siguieron adelante.

Salió el sol por encima de Madrid. La luz se derramó de un modo mágico por la tierra; las piedras, los árboles, los tejados del pueblo, las torres, todo enrojeció y fue luego dorándose poco a poco.

El cielo azul se limpió de nubes; el Guadarrama se despejó de nieblas; un pálido rubor tiñó sus cimas blancas, nevadas, de un color de rosa ideal. En los desmontes, algún rayo de sol vivo y fuerte, al caer sobre la arena parecía derretirla e incendiarla.

Se metieron los anarquistas por una zanja y salieron al paseo de Areneros, y siguieron adelante hasta desembocar en la calle de Rosales.

El paisaje desde allá era espléndido. Sobre las orillas del río se extendía una niebla larga y blanca; los árboles de la Casa de Campo, enrojecidos por el otoño, formaban masas espesas de ocre y de azafrán; algunos chopos altos y amarillos, de color de cobre, heridos por el sol, se destacaban con sus copas puntiagudas entre el follaje verde oscuro de los pinos; las sierras lejanas se iban orlando con la claridad del día, y el cielo azul, con algunas nubes blancas, clareaba rápidamente.

Se despidieron al llegar a la calle de Ferraz.

«Hay algo de loco en todos ellos —se dijo Manuel—. Habrá que separarse de esta gente.»

III

El mitin en Barbieri. — Un joven de levita. — La carpintería del Arca de Noé. — ¡Viva la literatura!

Había que hacer el mitin cuanto antes. Juan, no sólo no estaba aún repuesto, sino que se encontraba peor. Desde casa iba dirigiendo el movimiento de propaganda; tenía gran correspondencia con los anarquistas de provincias y con los extranjeros. El médico no le permitía salir más que un momento por las tardes, en las horas de sol. Manuel era el encargado de no permitir la menor transgresión.

—Yo haré lo que sea —le decía a su hermano—, pero tú quédate en casa.

—Bueno; pues no hay que perder el tiempo para hacer el mitin.

—¿Le veremos a Grau?

—¡Pchs!..., bueno; no querrá ir.

Prats era partidario de que se viera a Grau. Manuel le acompañó. Fueron los dos a Vallehermoso, y en una callejuela subieron al tercer piso de una casa. Llemaron; una muchacha les preguntó qué querían; dijeron a lo que iban; la muchacha vaciló y abrió la puerta. Pasaron por un pasillo a un despacho con un balcón en donde apenas cabían tres personas. En la pared había una porción de retratos. Manuel y Prats estuvieron contemplándolos.

—Ésta es Luisa Michel —dijo Prats.

Era una mujer de rostro escuálido y perfil aguileño, con la frente desguarnecida y el cabello corto. Después Prats mostró a Kropotkin, calvo y barbudo, agazapado tras de sus anteojos, con cierto aire de gato fosco; a Eliseo Reclus, de cara apacible de soñador y de poeta; a Gorki, con su tipo innoble y repulsivo.

Se sentaron Prats y Manuel, y pasó media hora larga sin que apareciera nadie.

—Hay que hacer aquí más antesala que para ver a un ministro —dijo Manuel.

Por fin, salió una señora flaca, de aire autoritario. Escuchó lo que dijo Prats, de pie, con marcada impaciencia, y contestó que su marido estaba trabajando. Le daría el encargo y él les enviaría la contestación.

Salieron de casa de Grau, y Manuel, en derechura, se fue a la imprenta.

Por la noche, en La Aurora, donde había gran movimiento para concertar los preparativos del mitin de propaganda, se habló de la negativa de Grau a tomar parte en la reunión.

El *Madrileño* despotricó contra Grau.

—Es un vividor —dijo—, un farsante vendido al Gobierno.

—No —replicó el *Libertario*—, es un temperamento de burgués, que vende su periódico como otro vende pastillas de chocolate.

—Sí —dijo el *Madrileño*—; pero cuando uno tiene un temperamento de burgués, pone uno una tienda de ultramarinos, o una zapatería o cualquier cosa;

todo menos un periódico anarquista. Cuando uno es partidario del amor libre y enemigo del matrimonio, no se casa; cuando se predica contra la propiedad, no se trabaja para reunir cuatro cuartos.

—Grau será lo que se quiera —dijo Prats—; pero es una persona honrada y decente. En cambio, el director de *El Libertario* es un miserable, una cucaracha, un reptil.

—¡Bah! ¡Como es amigo tuyo —replicó el *Madrileño*—, por eso le defiendes a ese farsante!

—¡Farsantes, vosotros!

—Si estáis todos vendidos al Gobierno.

—Vosotros sí que lo estáis. Queréis sembrar la cizaña en el campo anarquista —gritó Prats, enfurecido—. ¿Cuánto dieron a vuestro periódico por hablar bien de Dato?

—Y vosotros —exclamó el *Madrileño*—, ¿qué cobrasteis por la campaña rabiosa que hicisteis contra los republicanos?

—La hicimos por dignidad.

—¡Por dignidad! Para vosotros todo es negocio. Habéis comido pan de Montjuich. Estáis engañando a la gente de una manera asquerosa. Todos tenéis salvoconducto de la Policía.

—¡Canallas! —vociferó Prats fuera de sí—. Vosotros sí que estáis vendidos al Gobierno y a los jesuitas para desacreditarnos. Pero tened en cuenta que hemos desenmascarado a muchos farsantes.

—Claro, queréis ser vosotros los únicos y os molestan los hombres dignos. ¿Por qué odiáis a Salvochea? Porque vale más que vosotros; porque ha sacrificado su fortuna y su vida por la anarquía, y vosotros no habéis hecho más que vivir en ella.

—Escupe tu baba, ¡miserable! —exclamó Prats.

—El miserable eres tú —gritó el *Madrileño*, acercándose a su contrincante con el puño levantado.

El *Libertario* y Juan se interpusieron entre los dos y lograron calmarlos.

—¡Imbéciles! ¡Idiotas! —murmuró el *Libertario*—. Saben que lo que dicen es mentira y lo dicen a pesar de todo... No parece sino que tienen interés en desacreditarse a sí mismos... Créelo, Juan, necesitamos un hombre...

—¿Y por qué no citáis al mitin a los socialistas? —preguntó Manuel.

—¿Para qué? —preguntó el *Libertario*.

—Para discutir con ellos.

—¡Quia! —replicó en tono humorístico el *Madrileño*—. A ésos, todo lo que no tenga que ver con la bazofia y con el jornal no les importa nada.

—La cuestión sería dar el mitin en un teatro del centro —dijo el *Libertario*.

—Hombre, yo conozco a uno que está empleado en la Zarzuela —contestó Manuel.

—Podríamos ir a verle.

—Bueno.

A Manuel le molestaban estas idas y venidas. Afortunadamente, Morales llevaba la imprenta como una seda.

Unos días después, el *Libertario* y Manuel fueron a la Zarzuela, aunque convencidos de que no les habían de ceder el teatro.

Se acercaron allá, vieron que unos coristas o comparsas entraban por un pasillo, y siguieron tras ellos.

Preguntaron en la portería por el *Aristas,* y les dijeron que estaba en el escenario.

Recorrieron un largo callejón sombrío hasta aparecer frente a una puerta atada con una cuerda y que se cerraba a golpes por un resorte.

Empujaron la puerta.

—¿Qué quieren ustedes? —les dijo un hombre con gorrilla.

—Preguntamos por el *Aristas.*

—En el otro lado.

Pasaron; el escenario estaba en una semioscuridad extraña; al lado de las candilejas cantaban una mujer y un hombre; en el fondo, sentados en corros, había coristas embozados en la capa y mujeres arrebujadas en el mantón con toquilla a la cabeza.

Encontraron al *Aristas* y le expusieron lo que querían.

—No, no puede ser. ¡Para un mitin anarquista! ¡En la Zarzuela! Imposible —dijo el *Aristas*—. Ahora se lo diré al representante.

—Como usted quiera —dijo con indiferencia el *Libertario,* a quien le molestaba el aire de superioridad del *Aristas.*

Dirigidos por él cruzaron el escenario, y por una escalerilla de un extremo bajaron al patio de butacas. La sala estaba a oscuras; arriba, de la claraboya del techo, se filtraba pálida luz.

Se sentaron el *Libertario,* Manuel y el *Aristas.* Habían concluido de cantar un coro; el músico, sentado al piano, daba instrucciones.

Un cómico con aire acaponado se asomó a las candilejas y comenzó a decir con voz aguda y unos visajes repulsivos que él se llamaba Fulano de Tal y Tal, que le gustaba seguir a las modistas, porque era un pillín, y una porción de sandeces y de cosas incongruentes.

—¿Qué bien trabaja, ¿eh? —exclamó el *Aristas*, sonriendo—. Gana ocho duros al día.

—¡Qué barbaridad! —murmuró el *Libertario*—. ¡Cuántos de nosotros tenemos que ser explotados para que viva uno de estos mamarrachos!

—¿Qué tiene que ver eso? ¿A usted le quitan el dinero? —preguntó el *Aristas*.

—Sí, señor. El dinero que nos quitan los burgueses a mí y a otros como yo lo vienen a gastar con nenes como este capón.

—Ya se ve que no entiende usted nada de arte —dijo desdeñosamente el *Aristas*.

—¿De arte? ¡Pero si eso no es arte ni es nada! Sirve para distraer a los burgueses mientras hacen la digestión. Es como el bicarbonato de sosa para el flato.

El *Aristas* se levantó y se fue. Volvió al poco rato y secamente le dijo a Manuel que de ningún modo podían dar el teatro para un mitin, y menos para un mitin anarquista.

—Está bien —dijo el *Libertario*—. Vámonos.

Volvieron a subir por la escalera al tablado, buscaron la puerta y salieron del teatro.

No hubo más remedio que hacer el mitin en Barbieri. El *Libertario*, el *Madrileño*, Prats y otros compañeros hicieron los preparativos. El día fijado, un domingo de enero, frío y desapacible, Manuel avisó un coche, y él, la Salvadora y Juan fueron al teatro. Juan iba muy abrigado.

Entraron en el teatro. La sala estaba bastante oscura; la luz entraba por un alto ventanal e iluminaba con una luz borrosa la sala aún vacía.

Juan fue al escenario.

—Ten cuidado —le dijo la Salvadora—, no te enfríes.

Manuel y la Salvadora se sentaron en las butacas.

Se encendieron dos lámparas del telón de boca. A la luz mezclada del día triste y de las bombillas eléctricas se vio el escenario como una cueva. En medio se habían sentado, alrededor de una mesa, unos cuantos hombres mal vestidos; a su lado había una mesita pequeña, con un tapete azul y una botella y un vaso. En el fondo del escenario se veía una fila de hombres sentados en un banco, a los cuales no se los distinguía, y entre éstos se sentó Juan.

Iba llenándose el teatro; entraban obreros endomingados con sombrero hongo, otros de blusa y gorra, andrajosos y sucios. En las plateas se instalaban algunos que parecían capataces, con sus mujeres y chicos, y en un palco del proscenio había unos cuantos escritores o periodistas, entre los que se señalaba un hombre con el pelo rojo y la barba también roja, en punta. Entró el *Libertario* en el teatro y se acercó a saludar a Manuel. Éste le presentó a la Salvadora.

—¡Salud, compañera! —dijo el *Libertario*, estrechándole la mano.

—¡Salud! —contestó ella, riendo.

—La conocemos a usted mucho —añadió el *Libertario*—; ése y su hermano no saben más que hablar de usted.

La Salvadora sonrió y se turbó un tanto.

—¿Y qué, vas a hablar? —le preguntó Manuel al *Libertario*.

—Eso quieren; pero no me hace gracia. Si los pudiera convencer de que no... Yo no sirvo para orador.

Luego se apoyó en una butaca, de espaldas al escenario, miró hacia atrás y añadió:

—¡Qué pocos son los que tienen caras de persona!, ¿eh?

La Salvadora y Manuel volvieron la cabeza. La verdad que ninguno de los tipos tenía mucho que celebrar. Había rostros irregulares, angulosos, de expresión brutal, frentes estrechas y deprimidas, caras amarillas o cetrinas, mal babadas, llenas de lunares; cejas torvas, bajo las cuales brillaba una mirada negra. Y sólo de trecho en trecho alguna cara triste, plácida, de hombre ensimismado y soñador...

—¡En qué pocas miradas hay algo de inteligencia, y sobre todo en qué pocas hay bondad! —añadió el *Libertario*—. Aires solemnes, graves, tipos de orgullosos y de farsantes... La verdad es que con esta raza no se va a ninguna parte. Bueno; me voy al escenario. ¡Salud, compañeros!

—Salud.

Estrechó la mano de la Salvadora, dio una palmada en el hombro de Manuel y se fue.

Se encendió la batería de las candilejas. El presidente, un viejo de barba blanca, que estaba sentado entre Prats y un obrero enfermizo, pálido, de mirada vaga, hizo sonar la campanilla y se levantó. Dijo unas cuantas palabras, que no se oyeron, y concedió la palabra a uno de los oradores.

Inmediatamente, uno de los que se hallaban sentados en el fondo del escenario avanzó hasta colocarse delante de la mesa, llenó un vaso de agua, bebió un sorbo y...

—¡Compañeros! —dijo.

A pesar de las amonestaciones del presidente, que reclamó silencio, al orador no se le entendió gran cosa, parte por el ruido que el público hacía al entrar, y parte por la monotonía del discurso, que debía de estar aprendido de memoria y recitado. Al terminar se le aplaudió y se fue.

Después vino un viejecillo, cogió la botella muy pausadamente, llenó el vaso de agua, se caló unas antiparras, dejó sobre la mesa un paquete de periódicos y comenzó a hablar.

Era, sin duda, el compañero un señor muy metódico y prudente, porque no decía una palabra sin referirse a lo que había publicado este o el otro periódico. A cada paso leía trozos con una lentitud desesperante. El público, aburrido, hablaba en voz alta, y algunos chuscos en el gallinero relinchaban con gran maestría.

Dijo el viejecillo que era zapatero y contó cosas interesantes de la gente de su oficio, siempre documentándose. Cuando concluyó hubo en todo el mundo un suspiro de alivio.

Tras del viejo se presentó un joven de gran levita y cuello almidonado muy alto. Era un periodista desconocido, que indudablemente trataba de pescar algo en las turbias aguas del anarquismo.

El público, que había acogido con indiferencia a los dos primeros oradores, rompió a aplaudir a las primeras frases que pronunció el joven de la levita.

En su discurso, enfático, petulante, hueco, barajó

términos científicos de sociología y de antropología.

En la actitud de aquel joven siempre había algo así como un reto. A cada instante parecía decir a los cuitados del público:

—¡Ya veis que llevo levita!, ¡que llevo sombrero de copa!, ¡que soy hombre ilustrado!; pues ¡asombraos!, ¡admiradme! He descendido hasta vosotros. Me he identificado con vosotros.

Puesto en el camino de las jactancias, el joven de la levita dijo que despreciaba a los políticos porque eran unos asnos; despreciaba a los sociólogos que no se afiliaban a la anarquía porque eran unos ignorantes; despreciaba a los socialistas por vendidos al Gobierno; despreciaba a todo el mundo, y cada baladronada de éstas era acogida por los papanatas del público con estrepitosos aplausos.

Él acogía los aplausos con cierto gestillo desdeñoso del hombre a quien le convencen en su casa de que tiene mucho talento.

Para final de su oración, el joven enlevitado hizo una frase de latiguillo.

—Al poder de las armas —dijo— opondremos nosotros nuestra austeridad; si ésta no basta, a las armas contestaremos con las armas, y si la fuerza del Gobierno quiere arrollarnos y exterminarnos, recurriremos al poder destructor de la dinamita.

Después de esta frase, que fue coreada por los bravos y los aplausos del público, el enlevitado, muy derecho, como si llevara en la cabeza el *Sanctasanctórum* de la anarquía, se retiró con cierto aire displicente de hombre no comprendido.

Después de éste habló el *Libertario*. La sala había quedado emocionada con las frases campanudas y huecas del periodista, y la voz algo gorda y confusa del *Libertario* no se llegó a oír; habló de la miseria, de los niños anémicos y, viendo que no le hacían caso, cortó el discurso y se fue, sin que nadie se ocupara de él. Manuel aplaudió, y el *Libertario* se echó a reír, encogiéndose de hombros.

Seguía en el público la marejada producida por el discurso del joven de la levita cuando se acercó a la mesa, decidido, un hombre de blusa, tostado por el sol, con mirada atravesada.

El hombre puso los dos puños sobre la mesa y esperó a que se callara la gente. Luego, con voz vibrante y acento andaluz cortado y bravío, dijo:

—¡Esclavos del capital! ¡Vosotros sois unos idiotas que os dejáis engañar por cualquiera! Vosotros sois unos estúpidos que no tenéis noción de vuestro interés. Ahora mismo acabáis de oír y de aplaudir a quien ha dicho que hay obreros intelectuales que son como vosotros... ¡Es mentira! Esos que se llaman obreros intelectuales son los más ardientes defensores de la burguesía: esos periodistas son como los perros que lamen la mano del que les da de comer. *(Aplausos.)*

Una voz gritó:

—No es verdad.

—¡Fuera ése! ¡Fuera!

—Dejadle hablar.

—Yo he conocido un verdadero obrero intelectual —siguió diciendo el orador—, un verdadero apóstol, no como esos gomosos de la *gabina* y del futraque. *(Aplausos.)* Era un maestro de escuela que predicaba la idea por los pueblos y las cortijadas de la serranía de Ronda. Aquel hombre siempre andaba a pie; aquel hombre vestía peor que cualquiera de nosotros; a aquel pobretico le bastaba para vivir una panilla de aceite y un currusco de pan. En las gañanías enseñaba a leer a los braceros a la luz del candil. Aquél era un verdadero anarquista, aquél era un amigo de los explotados, no como los de aquí, que hablan mucho y no hacen nada. ¿Qué hace la Prensa por nosotros? Nada. Yo soy tejero, y los del oficio, mal comparados, vivimos peor que cerdos, en chozas que no tienen dos varas en cuadro. Y allí métase usted con toda la familia y gane usted un jornal de dos pesetas. Y eso no todos los días, porque cuando llueve no hay jornal; pero, en cambio, hay que recoger ladrillos y cargar carros, todo gratis para que el patrón no se arruine. Y esto, comparado con lo que pasa en Andalucía, es la gloria. Y es lo que digo yo: cuando un pueblo sufre todo esto es que es un pueblo de gallinas...

El orador aprovechó esta oportunidad para hacer gala de nuevo de sus instintos agresivos y volvió a insultar con verdadera elocuencia al público, que le aplaudió con entusiasmo. Se veía que era un hombre fanático y feroz. Tenía una mandíbula de lobo, unos músculos maseteros abultados, de animal carnívoro, y al hablar se le contraían las comisuras de los labios y se le fruncía la frente. Se comprendía que aquel hombre, irritado, era capaz de asesinar, de incendiar, de cualquier disparate.

A lo último, para demostrar la inutilidad de los intelectuales, habló de los astrónomos, a quienes llamó imbéciles porque perdían el tiempo mirando al cielo.

—¡Qué le habrán hecho a éste los astrónomos! —dijo Manuel a la Salvadora.

Después de una excitación al pillaje, el tejero terminó diciendo:

—No queremos ni Dios ni amo. ¡Abajo los burgueses! ¡Fuera esos farsantes que se llaman obreros de la inteligencia! ¡Viva la Revolución social!

Se aplaudió al andaluz y se presentó en la tribuna un hombre grueso, cachazudo y calvo, de unos cincuenta años, que dijo, sonriendo, que él no tenía más odio que a la Biblia.

Era un tipo contrario al anterior: tranquilo, bien avenido con la vida.

Para él, la Biblia no era más que un conjunto de necedades y de disparates. Se burló con cierta gracia de los siete días del *Génesis*, de la creación de la luz antes del sol y de otra porción de historias.

Dijo también que una de las cosas que le hacían reír era la existencia del alma.

—Porque ¿qué es el alma? —preguntó él—. Pues el alma no es más que el juego de la sangre que corre por el venaje de todo sistema humanitario —y se miró a los brazos y a las piernas—, y si se va a ver, lo mismo que el hombre tienen alma los animales; pero no sólo los perros, sino hasta los más *insiznificantes*.

Después de esta explicación materialista del alma, digna del *Eclesiastés*, explicó el hombre gordo el infundio del arca de Noé, como él lo llamó.

—Yo no sé —dijo— si Noé sería maestro carpintero; yo lo soy; pero lo que sí puedo decir es que el arca aquella no era una chapuza, ni mucho menos *(Risas.)*, y que para meter allí una parejita de cada animal, lo mismo terrestre que volátil, que *acuario*, se necesitaba toda una señora arca. Yo no le quito a Noé nada como carpintero, a cada uno lo suyo *(Nuevas* risas); pero si le hubiera conocido a este señor le hubiera preguntado: ¿Qué necesidad tenía usted de meter en el arca *los* chinches, las cucarachas y otros *inseztos*? ¿No hubiera sido mejor dejarlos que se ahogaran?... La verdad es que este Noé debía tener alma de burgués. (*Risas.*) Y si bien se quiere, el hombre era poco galante, porque en *orsequio* de las señoras, que son a quienes más les pica (*Risas, gritos y patadas.*), debía haber suprimido las pulgas. Y otra cosa se me ocurre. Si las golondrinas comen moscas, y allá, dentro del arca, las dos golondrinas se comieron las dos moscas, ¿de dónde vienen las que hay ahora? Y los camaleones, que se alimentan del aire, ¿cómo vivían allí si no había aire?

—¿Y por qué no había de haber aire? —preguntó uno desde arriba.

—Si había aire estaría viciado —contestó el hombre gordo—. Porque cuarenta días y cuarenta noches en un sitio cerrado y sin ventilación, con todos los animales de la tierra, habría que ver la peste... En fin, compañeros, que todo eso no es más que una filfa muy grande, y he dicho.

Se aplaudió algo burlonamente este discurso y se levantó Juan, muy pálido con los ojos abiertos, como espantados. Manuel sintió una gran desazón.

—A ver si se trabuca —dijo a la Salvadora.

—No lo hará bien —contestó ella, también intranquila.

Se acercó Juan modestamente a la mesa y comenzó a hablar con una voz velada y algo chillona sin equivocarse. Interesado el público por el aspecto de niño enfermo de Juan, quedó silencioso, Juan, al sentirse escuchado, se tranquilizó; tomó el tono natural de su voz y comenzó a hablar con convicción y facilidad, de una manera fluida e insinuante.

La anarquía, dijo, no era odio, era cariño, era amor; él deseaba que los hombres se libertasen del yugo de toda autoridad sin violencia, sólo por la fuerza de la razón.

Él quería que los hombres luchasen para salir del antro oscuro de sus miserias y de sus odios a otras regiones más puras y serenas.

Él quería que el Estado desapareciera, porque el Estado no sirve más que para extraer el dinero, y la fuerza que él supone, de las manos del trabajador y llevarlo al bolsillo de unos cuantos parásitos.

Él quería que desapareciese la ley, porque la ley y el Estado eran la maldición para el individuo, y ambos perpetuaban la iniquidad sobre la tierra. Él quería que desapareciese el juez, el militar y el cura, cuervos que viven de sangre humana, microbios de la Humanidad.

Él afirmaba que el hombre es bueno y libre por naturaleza, y que nadie tiene derecho a mandar a otro. Él no quería una organización comunista y reglamentada, que fuera enajenando la libertad de los hombres, sino la organización libre basada en el parentesco espiritual y en el amor.

Él prefería el hambre y la miseria con la libertad a la hartura en la esclavitud.

—Sólo lo libre es hermoso —exclamó, y en una divagación pintoresca dijo—: el agua que corre clara y espumosa en el torrente es triste y negra en el pantano; al pájaro se le envidia en el aire y se le compadece en la jaula. Nada tan bello como un barco de vela limpio y preparado para zarpar. Es pez en su casco y pájaro en su arboladura; tiene velas blancas que parecen alas; un bauprés que parece un pico; tienen una aleta larga que se llama quilla y una aleta caudal que es el timón. Es una gaviota que navega; marcha y se le mira con envidia, como a un amigo que se va. En cambio, ¡qué triste el barco viejo y desarbolado que ya no puede salir del puerto! Y es que la vejez también es una cadena.

Y Juan siguió hablando así, pasando de un asunto a otro.

Él quería que las pasiones, en vez de ser constantemente reprimidas por una férula implacable, fuesen aprovechadas como fuerza de bienestar.

Él no veía en la cuestión social una cuestión de jornales, sino una cuestión de dignidad humana; veía en el anarquismo la liberación del hombre.

Además, para él, antes que el obrero y el trabajador, estaban la mujer y el niño, más abandonados por la sociedad, sin armas para la lucha por la vida...

Y habló con ingenuidad de los golfillos arrojados al arroyo, de los niños que van a los talleres por la mañana muertos de frío, de las mujeres holladas, hundidas en la muerte moral de la prostitución, pisoteadas por la bota del burgués y por la alpargata del obrero.

Y habló del gran deseo de cariño del desheredado, de su aspiración nunca satisfecha de amor. Una misma congoja agitaba todos los corazones; algunas mujeres lloraban. Manuel contempló a la Salvadora y vio que en sus ojos trataban de saltar las lágrimas.

Ella sonrió, y entonces dos lágrimas gruesas corrieron por sus mejillas.

Y Juan siguió hablando; su voz, que se iba haciendo opaca, tenía entonación de ternura; sus mejillas estaban encendidas. En aquel momento parecía sentir los dolores y las miserias de todos los abandonados.

Nadie seguramente, pensaba en la posibilidad o imposibilidad de las doctrinas. Todos los corazones de la multitud latían al unísono. Ya iba a terminar Juan su discurso cuando se produjo un escándalo en las últimas filas de butacas.

Era Caruty, que se había subido al asiento, pálido, con la mano abierta.

—¡Fuera, fuera! ¡que se siente! —gritaron todos, creyendo quizá que intentaba replicar al orador.

—No, no me sentaré —dijo Caruty—. Tengo que hablar, sí; tengo que decir: ¡Viva la anarquía! ¡Viva la literatura!

Juan le saludó con la mano y dejó la tribuna.

Una agitación extraña se sintió en el público. Entonces, como despertando de un sueño y dándose cuenta de su belleza, todos, en pie, se pusieron a aplaudir de una manera rabiosa. La Salvadora y Manuel se miraban conmovidos, con lágrimas en los ojos.

El presidente dijo algunas palabras, que no se oyeron, y terminó la reunión.

Comenzó a salir la gente. En el pasillo del escenario se habían amontonado grupos de entusiastas de Juan. Eran obreros jóvenes y aprendices, con trajes azules; casi todos anémicos, tímidos, con aire de escrofulosos.

Al salir Juan le estrecharon alternativamente la mano con una efusión apasionada.

—¡Salud, compañero!

—Salud.

—Dejadle al hombre, que está malo —dijo el *Libertario*.

Caruty se pavoneaba entusiasmado. Sin notarlo, sin comprenderlo quizá, había dado la nota verdadera del discurso de Juan: ¡Viva la anarquía! ¡Viva la literatura!

En el momento de salir a la calle, dos agentes de Policía se echaron sobre el francés y le prendieron. Caruty sonrió y cantó entre dientes, mirando con desprecio a una burguesía imaginada, la canción de Ravachol.

Juan, Manuel y la Salvadora volvieron en coche a casa.

—¿Qué ha querido decir Caruty? —preguntó Manuel—. ¿Que la anarquía es cosa de literatura?

—Ni él mismo lo sabrá —dijo Juan.

—No, no; él ha querido decir algo —repuso Manuel.

¡Anarquía! ¡Literatura! Manuel encontraba una relación entre estas dos cosas; pero no sabía cuál.

IV

Gente sin hogar. — El «Mangue» y el «Polaca». — Un vendedor de cerbatanas. — Un gitano. — El «Corbata». «Santa Tecla» y su mujer. — La «Manila». — El oro escondido.

En los paseos que Juan daba en invierno por las tardes al sol, un día que le sorprendió la lluvia entró en una de las casuchas que había al lado de la Patriarcal mirando al Tercer Depósito.

Se encontró que la casucha estaba habitada por dos muchachuelos y una chiquilla. Los dos chicos le contaron al momento su vida y milagros. Uno se llamaba el *Mangue,* y el otro, el *Polaca;* los dos eran aprendices de torero. A la chica la decían la *Chai.*

El *Mangue* era un chiquillo delgaducho y listo como una sabandija; el *Polaca* tenía una cabeza enorme, unos ojos inexpresivos, redondos como dos botones, y los labios abultados. El padre del *Mangue* era carbonero y quería obligarle a trabajar; pero él se había escapado de casa con la *Chai* y el *Polaca,* y durante todo un verano y otoño habían andado en las capeas. El *Polaca* había estado en un asilo hasta los seis años. Un día, por una falta leve, una monja le tuvo durante ocho días desnudo, atado con cuerdas de esparto, a pan y agua. A consecuencias de este bárbaro castigo, el *Polaca* enfermó y le llevaron al hospital. A la salida se echó a andar por las calles.

—¡Qué infamia es esa farsa de caridad oficial! —murmuró Juan—. ¡Qué infamia!

El *Mangue* y el *Polaca*, con ilusión de ser toreros, vivían contentos.

—¿Y ganabais algo en esas capeas? —les preguntó Juan.

—Sí, lo que nos daban.

—¿Y cómo ibais de un pueblo a otro?

—Nos subíamos a los estribos del tren, y antes de llegar a una estación bajábamos.

—Pero todos los días no habría capeas.

—No.

—Y mientras tanto, ¿qué comíais?

—Sacábamos patatas del suelo y comíamos uvas y frutas.

—Y ahora, ¿qué hacéis?

—Ahora, nada. Esperando el verano.

La *Chai* era una muchacha fea y de aspecto encanallado, y por lo que pudo observar Juan trataba como esclavos a sus dos amantes.

—¿Y vivís solos aquí vosotros?

—No, hay más en estas casillas.

A Juan le interesó aquella madriguera y volvió al día siguiente. Hacía una hermosa tarde de sol. En el antiguo patio del cementerio, arrimados a una tapia, había un vendedor de cerbatanas y de majuelas que tenía su mercancía en una cesta; un gitano y un golfo. Les preguntó Juan por el *Mangue* y por el *Polaca* y se sentó junto a ellos.

El gitano dijo que tenía como profesión la de matar pájaros con tirabeque; profesión que a Juan le pareció bastante cómica.

—No crea usted... que es guasa —dijo el gitano—. ¿A que le doy a aquel bote de pimiento?

—¿A que no? Una perra gorda —apostó el de las cerbatanas.

El gitano arregló su tirabeque, disparó... y no le dio al bote.

Se trabó una larga discusión entre el gitano y el de las cerbatanas.

—Y usted, ¿qué hace? —le preguntó Juan al golfo.

—¿Yo? —exclamó el otro en tono displicente.

—Sí.

—Yo soy ladrón.

—¡Mal oficio!

—¿Por qué?

—Porque no produce más que disgustos.

—¡Psch! También suelo vender perros; pero eso es peor.

—¿Y qué es lo que roba usted?

—Lo que se tercia. Antes robábamos aquí, en este camposanto.

—Entonces, ¿conocería usted a Jesús?

—A Jesús, el cajista, ya lo creo. ¿Era amigo de usted?

—Sí, amigo y compañero. Yo soy anarquista.

—Pues yo soy el *Corbata*. Cuando hago de Don Tancredo me llaman el *Raspa*.

—¡Ah! ¿Hace usted de Don Tancredo?

—Sí; el año pasado, un toro me dejó a la muerte. Y espero el año que viene para ir a los pueblos a repetir el experimento.

—¿Y si le matan a usted?

—¡Psch! Es igual.

—¿Y cómo le han soltado ya de la cárcel?

—Me las he arreglado para que me saquen.

—¿Y qué tal en la cárcel? ¿Hay buena gente?

—¡Sí hay!, mejor que fuera. Ahí he conocido a los *Ladrilleros*, dos buenas personas.

Los *Ladrilleros* no habían hecho más que asesinar a uno para robarle.

—Uno de los *Ladrilleros* domesticaba gorriones en el pasillo de arriba —contó el *Corbata*—. Solía hacer que los pájaros fuesen a comer miguitas de pan en su mano y les hacía bailar y dar vueltas. Tenía dos en su cuarto más listos que una persona y no dejaba que los tocara nadie. Un día va el director y le ve que no tenía más que un gorrión: «¿Y el otro gorrión? ¿Se ha muerto?», le preguntó. «No, señor director.» «¿Es que se ha escapado?» «Tampoco.» «¿Pues dónde está?» «Usted me perdonará, señor director —le dijo el *Ladrillero*, sonriendo—; pero el preso de ahí al lado estaba tan triste el pobrecillo, que le he prestado el gorrión por tres días para que se distraiga.»

El *Corbata* contó esto sonriendo, como una debilidad disculpable de un niño. El de las cerbatanas dijo que no le chocaba, porque en los presidios había tan buena gente o más que fuera.

—Un acaloro, cualquiera lo puede tener —terminó diciendo.

Al marcharse Juan, el *Corbata*, distraídamente, le quitó el pañuelo. Juan lo notó, pero no dijo nada.

Unos días después, Juan vio en la era de la Patriarcal a un amigo del *Corbata*, que se llamaba *Chilina*. Era éste un joven delgado, de bigotillo negro, con la cara redonda, afeminada, y una mirada indiferente y fría de unos ojos verdes. El *Corbata* le había conocido en la cárcel y le tomó bajo su protección.

El *Chilina* era un golfo siniestro, lleno de pereza, de vicios y de malas pasiones.

—He vivido en una casa de zorras —le dijo a Juan, riendo— hasta que se murió mi madre, que estaba allá. Me echaron de la casa, y la misma noche me encontré con una mujer. «¿Quieres venir?», me dijo. «Si me das todo lo que ganas, sí», le contesté. «Bueno, toma la llave.» Me dio la llave y nos arreglamos. Así estuve hasta hace un año, viviendo bien: pero una mujer me faltó y le di una *puñalá*. Ahora estoy aquí porque me tengo que ocultar.

Unos días después, el *Chilina* llevó a las casas del cementerio una mujer tagala con el objeto de explotarla.

Esta mujer ganaba algunos céntimos entregándose a los hombres por aquellos descampados.

La llamaban la *Manila*, era bastante fea, tenía un cándido cinismo, el instinto natural de su vida salvaje; se ofrecía con una absoluta ignorancia de ideas de moralidad sexual. No sentía el desprecio de la sociedad cerniéndose sobre su cabeza. Acostumbrada desde la infancia a ser maltratada por el blanco, no llegaba a herirle la abyección de su oficio, y por esto no manifestaba odio contra los hombres. Lo que le daba miedo era el tener que andar de noche por aquellos andurriales.

El *Corbata* y el *Chilina* la poseían cuando querían en los rincones apartados, cerca de las tapias del cementerio, y ella se entregaba como quien hace un favor. El *Chilina*, además, le sacaba el dinero.

Otras dos personas se acogieron en las casuchas en aquel invierno: un mendigo viejo, sucio y repugnante, con una barba enmarañada y ojos purulentos, y su mujer, una arpía con la que estaba amontonado.

Este mendigo se ponía en las bocacalles y, golpeando la acera con la garrota, gritaba varias veces el santo del día.

El *Corbata,* la primera vez que le vio, le oyó decir:

—Hoy, hoy... Santa Tecla... Santa Tecla..., hoy..., hoy —y desde entonces le llamaban *Santa Tecla.*

«¡Qué hermoso —pensaba Juan— sería sacar a estos hombres de las tinieblas de la brutalidad en que se encuentran y llevarlos a una esfera más alta, más pura! Seguramente, en el fondo de sus almas hay una bondad dormida; en medio del fango de sus maldades hay el oro escondido que nadie se ha tomado el trabajo de descubrir. Yo trataré de hacerlo...»

Todas las tardes, lloviera o hiciera bueno, iba Juan a las casuchas del camposanto a hablarles a aquellos hombres. Acudían algunos mendigos de San Bernardino y escuchaban con atención formando un corro. Enfrente, los cipreses del cementerio de San Martín sobresalían por encima de las tapias. Oían todos las palabras de Juan como una música agradable y dulce, y la *Manila,* quizá la que menos entendía, era la que con más fe le escuchaba.

Cuando se marchaba Juan a su casa, muchas veces se decía a sí mismo.

«El oro está dentro; saldrá a la superficie.»

Un anochecer, Juan presenció una apuesta entre

Santa Tecla y la vieja arpía con quien estaba amontonado.

—¿Qué sabes tú, vieja zorra? —decía *Santa Tecla*.

—¿Qué sé yo? Más que tú, asqueroso; mucho más que tú —replicaba la vieja, haciendo gestos repugnantes.

—Tú crees que toda la gente es tan mala como tú.

—Si parece que tienes telarañas en los ojos.

—Calla, calla, *arrastrá*.

—Si es que tú pareces tonto; ya te figuras tú que la gente te da dinero porque eres tú.

—Calla..., ¡leñe! ¡Tanto moler y tanto amolar!... Porque tú eres una cochina zorra, ya crees que todas lo han de ser.

—Y lo son. ¡Me parece! —y la vieja hizo un gesto desvergonzado.

Santa Tecla metió la mano por la abertura y se puso a rascarse el pecho con dignidad.

—Pues sí, pues sí —chilló la vieja—. Mañana va otro ciego cualquiera al Buen Suceso y le dan limosna lo mismo que a ti.

—¡Cállate, cerda! Si eres más venenosa que un sapo. ¿Tú qué sabes?

—¿Que no sé? Haz una apuesta. A que mañana domingo, si voy yo de tu parte a las señoras del coche y les digo que tú estás malo, ¿a que no dan nada?

—A que sí.

—¿Cuánto apostamos?

—Una botella.

—Está.

—Hay que ver en qué termina la apuesta —dijo el *Corbata*.

Al día siguiente fue Juan. *Santa Tecla* paseaba por

la era dando muestras de impaciencia. El *Corbata* y el *Chilina* tomaban el sol tendidos en la hierba.

Al mediodía apareció la vieja en la vuelta del camino con una botella en la mano.

Santa Tecla sonrió.

—¿Qué? —dijo cuando se asomó la vieja—. ¿Han dado?

—*Na,* ni una perra. Les dije: «¡Señoritas, una limosna *pa* el sieguecito, que mi pobre *mario* está *mu* malo y no tenemos ni *pa melecinas*!»

—¿Y qué?

—*Pus na,* que entraron en la iglesia sin mirarme. Luego las seguí hasta su casa..., y la señora ha *llamao* al portero y le ha dicho que me eche. ¡Ah, perras! Aquí traigo la botella. ¡Dame los dos reales!

—¡Los dos reales! ¿Pués tú te has *figurao* que a mí me la das? Lo que te voy a dar es un estacazo por liosa.

—No pagues si no quieres. Pero que me muera si no es verdad lo que digo.

—Bueno, trae la botella —y *Santa Tecla* cogió la botella, la destapó y comenzó a beber y a murmurar:

—¡*Desagradecías,* más que *desagradecías*!

—¿Ves? —gritaba la vieja, atenta al odio más que a la golosina—. ¿Ves lo que son?

—¡*Desagradecías*! —gruñía el viejo.

—Pero oiga usted, compadre —le preguntó el *Corbata* en tono de chunga—. ¿Usted qué ha hecho por esa gente? ¿Rezar?

—¿Y te parece poco? —replicó el mendigo, componiendo el semblante.

—A mí, muy poco.

—Si tú eres un hereje, yo no tengo la culpa— refunfuñó el viejo, con la barba llena de vino.

El *Corbata* y el *Chilina* se echaron a reír a carcajadas, mientras *Santa Tecla*, con la botella ya vacía en la mano, murmuraba entre dientes, cabeceando:

—Son unas *desagradecías*. ¡Para que haga uno nada por ellas!

Juan había contemplado entristecido la escena. Vino la *Manila*; el *Chilina* se acercó a ella a pedirle el dinero que había ganado. Era domingo y quería divertirse el mozo.

—No tengo más que unos céntimos —dijo ella.

—Te los habrás gastado.

—No; es que no he ganado.

—A mí no me vienes tú con infundios. Venga el dinero.

Ella no replicó. Él le dio una bofetada; luego otra; después, furioso, la echó al suelo, la pateó y la tiró de los pelos. Ella no lanzaba ni un grito.

Al fin, ella sacó de la media unas monedas, y el *Chilina*, satisfecho, se marchó.

Juan y la *Manila* encendieron una hoguera de ramas, y los dos, muy tristes, se calentaron en ella.

Juan se fue a su casa. El oro de las almas humanas no salía a la superficie.

V

Esnobismo sociológico. — Anarquistas intelectuales. Humo.

Un día, Juan recibió una carta de un señor desconocido. Le decía este señor que había pensado hacer un periódico radical, casi anarquista, y quería saber si podía contar con él y con sus amigos. En el caso de que no tuvieran inconveniente, les invitaba a tomar café en su casa, en donde les presentaría unos compañeros.

—¿Iremos? —le preguntó el *Libertario* a Juan.
—¿Por qué no?

Fueron Juan, Manuel, el *Libertario* y Prats.

Los pasaron a un gabinete amueblado con ese carácter deplorable, que es el encanto de los carpinteros y de los cursis, que se llama estilo modernista. Había desparramados por el cuarto sillones bajos, sillas blancas con las patas torcidas y dos o tres veladores repletos de baratijas. En las paredes había encuadrados con marcos blancos algunos grabados ingleses, en donde no se veían más que mujeres delgadas con el talle largo, un lirio en la mano y una expresión de estupidez desagradable.

Estaban sentados esperando cuando entró el amo de la casa y saludó afectuosamente a todos. Era un joven alto, afeitado, con levita, gran corbata azul y un chaleco claro rameado.

—Pasemos a mi despacho —dijo—. Les presentaré a mis amigos.

Pasaron a un cuarto más grande; después de hacer una porción de ceremonias chinescas en la puerta, el anfitrión presentó a los anarquistas a unos cuantos jóvenes, entre ellos un militar.

El despacho era grande, de techo alto; tenía varios retratos al óleo, y cerca de los balcones había vitrinas llenas de miniaturas y sortijas. En el fondo había una chimenea encendida.

—Sentémonos por aquí, al lado del fuego —dijo el anfitrión.

Se sentaron todos, y el dueño de la casa tocó un timbre. Vino un criado y acercó una mesita de té con tazas y pastas.

Sirvió el criado a unos té, a otros café.

El *Libertario* y Prats sonreían burlonamente, sobre todo cuando el criado les preguntó:

—¿De qué quiere la copa el señor? ¿De ron? ¿De *chartreuse*?

—Me es igual.

Pasó luego el criado con una caja de puros, y mientras fumaban se habló de la compañía del Español, de los cómicos extranjeros, de Gabriel d'Annunzio y de otra porción de cosas.

Cuando ya la conversación languidecía, el dueño de la casa se arrellanó en la butaca y dijo:

—Vamos a hablar de nuestro asunto. Yo quisiera hacer una revista de una gran independencia de criterio y que representara las tendencias más avanzadas en sociología, en política y en arte, y para eso me he permitido llamarlos. Yo, digo la verdad, soy anarquista, en el sentido filosófico, por decirlo así. Yo creo que hay que renovar esta atmósfera en que vivimos. ¿No les parece a ustedes?

El anfitrión sonrió amablemente. No estaba, al parecer, muy convencido de la necesidad de la renovación.

—Yo quisiera saber —prosiguió— si ustedes podrían llegar a un acuerdo para poder trabajar en común, porque de la parte económica me encargaría yo.

—Nosotros somos anarquistas —dijo el *Libertario*—, y cada uno de nosotros tiene sus opiniones particulares; pero nosotros cuatro, y con nosotros todos nuestros amigos, ayudarán en lo que puedan con el trabajo y con la propaganda a un periódico que sirva para atacar la actual sociedad.

Juan, Prats y Manuel asintieron a lo dicho por su compañero.

—Pero eso es muy vago —dijo con cierto aire displicente un joven acicalado y repeinado, hablando con ceceo gomoso.

—¿Vago? Yo no veo la vaguedad —replicó con rudeza el *Libertario*—. Ayudaremos con gusto a todo lo que sirva para desprestigiar el Estado, la Iglesia y el Ejército. Somos anarquistas.

—Pero hay que saber qué anarquismo es el de ustedes —indicó el gomoso, y añadió, dirigiéndose al anfitrión—: porque hay el nihilismo filosófico, hay la anarquía, que es la fórmula lógica y científica del socialismo radical, y además de esto, hay el sentimiento anarquista, que es un sentimiento bárbaro, salvaje, de hombres primitivos.

—Ese sentimiento bárbaro y salvaje es el nuestro —dijo, sonriendo, el *Libertario*.

—¿Un sentimiento puramente de destrucción?

—Eso es, puramente de destrucción.

—Yo estoy con estos señores —saltó un joven de barba y anteojos, de aspecto ensimismado y hablar meloso—; creo que hay que destruir mucho, disolver las ideas hechas, atacar los dogmas en sus principios.

—Hay que construir —interrumpió el gomoso con un gesto de desdén.

—¿Pero usted cree que la sociedad no tiene fuerza de cohesión para resistir todas las ideas, aun las más disolventes?

—Había que discutir eso.

—Discutir, ¿para qué? —repuso el de las barbas—. Es una convicción que yo tengo y de la que usted no participa.

—¿Pero usted qué quiere, en último término? ¿Una revolución filosófica?

—Todas las revoluciones son filosóficas. Primeramente cambian las ideas, luego se modifican las costumbres, y por último vienen las leyes a inmovilizarlas.

—Las ideas están ya transformadas —replicó el gomoso.

—Perdone usted. Yo creo todo lo contrario. Creo que no hay un liberal verdadero en toda España.

—¡Qué exageración! Y entonces, ¿cómo se va a verificar el cambio que usted desea?

—El cambio se hace inconscientemente, por irrespetuosidad en los de abajo y por falta de convicciones en los de arriba. Esto se agrieta porque se descompone. Nadie cree en su misión: ni el juez que condena, ni el cura que dice misa, ni el militar, perdone usted —dijo al oficial—, que mata en la guerra.

—Yo —saltó el oficial— hago una diferencia entre el militar y el guerrero: el uno es el de las paradas; el otro, el de las batallas.

—Esta sociedad de los explotadores, de los curas, de los soldados y de los funcionarios, yo creo que se hunde —siguió diciendo el de las barbas.

—¡Bah!

—Es mi opinión — y el de las barbas se quedó mirando al fuego muy ensimismado.

—Yo —dijo el oficial a Juan— encuentro muy simpáticas las ideas de ustedes. No espero más que la sociedad me pise la cola para saltar y clavar las uñas. Ahora encuentro una cosa que no me gusta y es que ustedes tratan de suprimir en el hombre el instinto guerrero.

—No —repuso Juan—; lo que queremos es aplicarlo a algo más noble que a exterminarse unos a otros.

—Yo lo que quisiera saber —dijo el joven sociólogo— es quiénes son los que van a hacer esa revolución.

—¿Quiénes? —contestó el *Libertario*—. Los desharrapados, los que viven mal. ¡Que hubiese diez hombres de talento y de iniciativa en España, y la revolución estaba hecha!

—Quizá les parezca absurdo lo que voy a decir —exclamó el oficial—; pero, para mí, la revolución social es una obra que debía realizarla el Ejército.

El oficial explicó su plan. Era un hombre atezado,

flaco, con un perfil de aguilucho, un temperamento vehemente. Por su cerebro pasaban las ideas y los proyectos más extraordinarios como una rueda de fuegos artificiales, sin dejar más rastro que un poco de humo. Él quería que la revolución social la hiciera el Ejército, dando la batalla a los capitalistas; quería también que el Ejército hiciese en el país las obras públicas de canalización, de construcción de caminos, de tendido de líneas férreas, de repoblación de árboles, y que, luego de arreglado el terreno de España, se le licenciara, si ya no era útil. Tenía una concepción napoleónica de una Europa federada entre cesarista y anarquista.

El joven gomoso encontró muy mal las ideas del capitán. Este joven gomoso y sociólogo escribía en periódicos y revistas y se llamaba a sí mismo anarquista intelectual. No tenía simpatía por nada ni por nadie. Para él, lo que había que debatirse antes de todo eran las posibilidades científicas de la doctrina. Su ideal era una sociedad por categorías: arriba, los sociólogos, como modernos magos, definiendo y dictando planes y reformas sociales; abajo, los trabajadores, ejecutando los planes y cumpliendo las órdenes. La parte sentimental del socialismo y de la anarquía le parecía despreciable.

—Yo estaría con ustedes —dijo el joven sociólogo— siempre que ustedes se atuvieran a la parte científica de la doctrina. La idea anarquista, sí; el sentimiento anarquista, no; porque no produce más que crímenes y brutalidades.

—Ustedes, los sociólogos, los ateneístas —murmuró el de las barbas con sorna—, quieren catalogar las ideas y los hombres, como los naturalistas clasifican las piedras y las mariposas. Se han muerto doscientas personas de hambre. No hay que indignarse; la cuestión es ver si el año pasado se murieron más o menos.

—¿Nos vamos a poner a llorar?

—No digo eso. Lo que quiero decir es que todos los números y todas las estadísticas no sirven para nada. Dice usted: la idea anarquista, sí; el sentimiento anarquista, no. Pero eso no puede ser, ni ha sido nunca. Entre miles de anarquistas que habrá actualmente en el mundo no llegarán a quinientos los que tengan una idea clara y completa de la doctrina. Los demás son anarquistas, como hace treinta años eran federales, como antes progresistas, y como en épocas pasadas monárquicos fervientes. Podrá ser un sociólogo anarquista por un espejismo científico; pero el obrero lo será porque actualmente es el partido de los desesperados y de los hambrientos. El obrero se contagia con el sentimiento anarquista que hay en el ambiente; el sabio, no; toma la idea, la estudia como una máquina, ve sus tornillos, observa su funcionamiento, señala sus imperfecciones, y luego va a otra cosa; el obrero, por el contrario, no tiene término de comparación; se agarra a la idea como a un clavo ardiendo; ve que el anarquismo es el coco de la burguesía, un partido execrado por los poderosos, y dice: «¡Ése es el mío!»

—Está bien; pero yo no soy anarquista de ese modo. Para mí, la anarquía es un sistema científico.

—Pues para el pueblo no es más que la protesta de los hambrientos y de los exaltados.

—Seguramente no nos entendemos —dijo Juan—. ¡Vámonos!

—No; no nos podemos entender —replicó, incomodado, el sociólogo—. Primeramente debíamos saber cuál es el programa de ustedes.

—Creo que mi compañero ha dicho que somos anarquistas.

—Yo también lo soy.

—Pues entonces debemos estar conformes. Nosotros queremos aligerar esta atmósfera pesada, abrir los balcones, que entre la luz para todos; queremos una vida más intensa, más fuerte; queremos agitar, remover esto.

—Pero no es un programa claro.

—¡Programa claro! ¿Para qué? —exclamó el *Libertario*—. ¿Para no realizarlo nunca? ¿Es que vamos a tener la vanidad de suponer que los que vengan detrás de nosotros van a considerar como infalibles los planes que nosotros hemos forjado? No, ¡qué demonio! Lo que se siente es la necesidad del cambio, la necesidad de una vida nueva. Todos sentimos que esta organización social no responde a las necesidades de hoy. Está todo variando, evolucionando con una rapidez enorme; no sólo varía la ciencia, sino las ideas de moral; lo que ayer se tenía por monstruoso, hoy se considera natural; lo que ayer pasaba por lógico, hoy se tiene como injusto. Se está verificando un cambio completo en las ideas, en los valores morales y, en medio de esta transformación, la ley sigue impertérrita, rígida. Y ustedes nos preguntan: ¿Qué programa tienen ustedes? Ése. Acabar con las leyes actuales... Hacer la revolución; luego, ya veremos lo que sale.

—No estamos conformes.

—Bueno. ¡Vámonos! —dijo Juan.

Se levantaron los cuatro. El dueño de la casa les aseguró que les había oído con verdadero placer y que tendría una gran satisfacción en ser su amigo.

El militar los saludó con efusión, y también el de los anteojos.

Salieron los cuatro a la calle.

—Abrígate —le dijo Manuel a Juan.

—Quia, no hace frío.

La noche estaba suave y tibia; la tierra, abrillantada por una lluvia menuda. El cielo, oscuro, gris, parecía pesar sobre la ciudad como un manto de plomo; las luces de los escaparates brillaban resplandecientes en la atmósfera húmeda, y este aire limpió las aceras mojadas, las luces de los faroles y de las tiendas; todo esto daba una impresión de vida amplia y hermosa.

—¡Qué imbéciles son! —dijo Prats.

—No; que no se quieren comprometer —replicó el *Libertario*—. Es natural. Cada uno defiende su posición. Quizá nosotros hiciéramos lo mismo. Lo que es interesante es el instinto anarquista que hay en todos los españoles.

«Sí; desgraciadamente, es verdad», pensaba Manuel.

—Estas tentativas de unión fracasan siempre —dijo Prats—. Sólo en Barcelona, cuando funcionaba el Centro de Carreteros y había allí reuniones secretas, se vio a la juventud radical burguesa ayudar a los anarquistas.

—Sí, es verdad —repuso el *Libertario*—; ese elemento radical burgués es el que mejor podría ayudarnos. Los ingenieros, los médicos, los químicos, todos esos van preparando la revolución social, como los aristócratas prepararon la revolución política.

Se despidieron.

—¡Salud, amigos! —dijo el *Libertario*.

—¡Salud!

Manuel y Juan se fueron a su casa.

VI

Miedos pueriles. — Los hidalgos. — El hombre de la Puerta del Sol. — El enigma Passalacqua.

Hay, entre las diversas formas y especies de miedos, pavores y terrores, algunos extraordinariamente cómicos y grotescos.

A esta clase pertenecen el miedo de los católicos por los masones; el miedo de los republicanos por los jesuitas; el miedo de los anarquistas por los polizontes, y el de los polizontes por los anarquistas.

El miedo al coco de los niños es mucho más serio, mucho menos pueril que esa otra clase de miedos.

Al católico no se le convence de que la masonería es algo así como una sociedad de baile, ni el republicano puede creer que los jesuitas son unos frailuchos vanidosillos, ignorantuelos, que se las echan de poetas y escriben versos detestables y se las echan de sabios y confunden un microscopio con un barómetro.

Para el católico, el masón es un hombre terrible; desde el fondo de sus logias dirige toda la albañilería antirreligiosa, tiene un papa rojo y un arsenal de espadas, triángulos y demás zarandajas.

Para el republicano, el jesuita es un diplomático maquiavélico, un sabio, un pozo de ciencia y de maldad.

Para el anarquista, el polizonte es un individuo listo como un demonio, que se disfraza y no se le conoce, que se cuela en la taberna y en el club y que está siempre en acecho.

Para el polizonte, el que está siempre en acecho, el listo, el terrible es el anarquista.

Todos suponen en el enemigo un poder y una energía extraordinarios.

¿Es por tontería, es por romanticismo o solamente por darse un poco de importancia?

Es muy posible que por todas estas cosas juntas. Lo cierto es que al católico no se le puede convencer de que si las ideas antirreligiosas cunden no es por influencia de los masones ni de las logias sino porque la gente empieza a discurrir; a los republicanos tampoco habrá nadie que les convenza de que la influencia jesuítica depende no de la listeza ni de la penetración de los hijos de San Ignacio sino de que la sociedad española actual es una sociedad de botarates y de mequetrefes dominados por beatas.

Los polizontes no pueden creer que los atentados anarquistas sean obras individuales y buscan siempre el hilo del complot y los anarquistas no pueden perder la idea de que son perseguidos en todos los momentos de su vida.

Los anarquistas padecen, además, la obsesión de la traición. En cualquier sitio donde se reúnan más de cinco anarquistas hay casi siempre, según ellos, un confidente o un traidor.

Muchas veces, este traidor no es tal traidor, sino

un pobre diablo a quien algún truchimán de la Policía, haciéndose pasar por un dinamitero feroz, le saca todos los datos necesarios para meter en la cárcel a unos cuantos.

Al acercarse el período de la coronación, los periódicos, por hablar de algo, dijeron que se preparaban a venir a Madrid policías extranjeros por si llegaban anarquistas con fines siniestros.

Al leer esto hubo un hombre que pensó que la tal noticia podía valer dinero. Este hombre no era un hombre vulgar, era Silvio Fernández Trascanejo, el hombre de la Puerta del Sol.

Entre los muchos Fernández más o menos ilustres del mundo, Fernández Trascanejo, el hombre de la Puerta del Sol, era, indudablemente, el más conocido. No había más que preguntar por él en la acera del café Oriental, en cualquiera de esos clubs al aire libre que en la Puerta del Sol se forman junto a los urinarios; todo el mundo le conocía.

Trascanejo era un hombre alto y barbudo, con un sombrero blando, de ala ancha, a lo mosquetero, que le cubría media cara, una chaqueta de alpaca en verano, un abrigo seboso en invierno, y en las dos estaciones, una sonrisa untuosa y un bastón.

Era un desharrapado que se las echaba de marqués.

—No me gustan los términos medios, ¿está usted? —decía—. O voy hecho un andrajoso, o elegante hasta el paroxismo.

El hombre de la Puerta del Sol vestía y calzaba, indudablemente, de prestado, y el que le prestaba las ropas debía de ser más grueso que él, porque siempre estaba holgado en ellas; pero, en cambio, el donador tenía el pie más pequeño, porque a Trascanejo, los tacones le caían hacia la mitad de la planta del pie, con lo cual solía caminar a modo de bailarina.

Trascanejo no trabajaba, no había trabajado nunca. ¿Por qué?

Un sociólogo de estos que ahora se estilan me ha dicho en secreto que piensa escribir una Memoria para demostrar casi científicamente que del ochenta al noventa por ciento de la golfería de España, literatos, cómicos, periodistas, políticos, etc., proviene en línea directa de los hidalguillos de las aldeas españolas de los siglos XVII y XVIII. La tendencia a la holganza, según el tal sociólogo, se ha transmitido pura e incólume de padres a hijos y, según él, la clase media española es una prolongación de esta caterva de hidalgos de gotera, hambrones, y gangueros.

Trascanejo era hidalgo a cuatro vientos, y por eso no trabajaba; su familia había tenido casa solariega y un escudo con más cuarteles que Prusia, entre los cuales había un jefe que representaba tres conejos en campo de azur.

El hidalgo se pasaba el día en ese foro que tenemos en el centro de Madrid, al que llamamos la Puerta del Sol.

Siempre tenía este hombre, que era un pozo de embustes y de malicias, alguna noticia estupenda para solazar a sus amigos íntimos.

—Mañana se subleva la guarnición de Madrid —decía con gran misterio—. Tenga usted cuidado. Están comprometidos, la Montaña, San Gil y algunos sargentos de Los Docks. ¿Tiene usted un pitillo? Yo iré a la estación del Mediodía con los de los barrios bajos.

Este hombre, almacén de noticias falsas, que anunciaba revoluciones y pedía cigarros, tenía una vida interesante. Vivía con su novia, señorita ya vieja entre cuero y mojama, y la madre de ella, señora pensionista, viuda de un militar. Con la pensión y con lo que trabajaban las dos damas pasaban con cierta holgura y hasta tenían bastante para convidar a comer a Silvio a diario.

Cada día, este hombre, de una imaginación volcánica, preparaba un nuevo embuste para explicar que no le hubiesen dado un cargo de gobernador o de cosa parecida, y ellas le creían y tenían confianza en él. El hombre de la Puerta del Sol, que en la calle era el prototipo del hablar cínico, desvergonzado e insultante, en casa de su novia era un hombre delicado, tímido, que trataba a su prometida y a la madre de ella con un gran miramiento. Entre la señorita, ya acartonada, y el golfo callejero se había desarrollado desde hacía veinte años un amor platónico y puro. Algún beso en la mano y una porción de cartas ya arrugadas eran las únicas prendas cambiadas de su amor.

Silvio había cobrado algunas veces por servicios prestados a la Policía, y la noticia de los posibles atentados anarquistas le puso en guardia.

«Hay un complot que explotar —se dijo—. Este complot está incubándose, en cuyo caso no hay más que descubrirlo, o no hay nada pensado, y en este caso, la cuestión está en organizarlo.»

Trascanejo olfateó por dónde olía a anarquismo, y a los pocos días cayó en la taberna de Chaparro.

Habló con Juan.

—Si ustedes están dispuestos a ayudar, nada más que ayudar, tengo gente para dar el golpe. Contamos con Pepe el *Pollero,* con Matías, el cortador de la plaza de la Cebada. No necesitamos más que una señal.

Se discutió por todos los socios, con gran misterio, si se tomaría parte en el complot.

Una tarde, al salir Manuel de la imprenta, se encontró con el *Libertario.*

—Te venía a buscar —le dijo éste.

—¿Pues qué hay?

—Vigila a Juan. Es muy cándido, y lo van a meter en algún lío. Me da en la nariz que hay algún manejo de la Policía. Ahí, por la taberna, se han descolgado tipos que me escaman. Ahora, un descubrimiento de un complot vendría al Gobierno de perillas.

—¿Y qué dicen que van a hacer?

—Dicen que van a matar al rey. Es una añagaza burda. Figúrate tú, a los anarquistas qué nos importa que el rey viva o que no viva, que mande Sagasta o cualquier mamarracho de los republicanos.

La Salvadora y Manuel, ya sobreaviso, vigilaron a Juan.

Un día, Juan recibió una carta, que leyó con gran interés.

—Es un amigo de París —dijo—, que aprovechándose de los trenes baratos, quiere ver Madrid.

—Un amigo. ¿No será algún anarquista? —dijo la Salvadora, alarmada.

—No. ¡Quia!

Manuel no se hizo cargo de la cosa. Juan fue a su trabajo y Manuel a la imprenta.

A los siete u ocho días llegó otra carta, y una noche, antes de cenar, Juan salió de casa y se presentó con un hombre joven, afeitado, mal vestido.

—Es mi amigo Passalacqua —dijo Juan a Manuel cuando éste volvió de la imprenta—; le he conocido en París.

Manuel contempló con atención al amigo.

Era un muchacho afeitado, de tez pálida y aceitosa. Tenía la cabeza piriforme, la frente estrecha y unas greñas negras y ensortijadas, que le caían en rizos, el cuello, redondo, de mujer; los ojos, azules claros, y los labios, pálidos. Su aspecto era de un ser linfático y poltrón. Cenaron todos, y como el italiano no sabía apenas español, habló únicamente con Juan en francés. De cuando en cuando se echaba a reír, y entonces su cara estúpida se transformaba y tomaba un aspecto de ironía y de ferocidad.

Al terminar la cena, Juan quiso ceder el cuarto suyo a Passalacqua y dormir él en una butaca; pero el otro le contestó que no, que dormiría en el suelo, que estaba acostumbrado.

—Haced la cama arriba, en el cuarto de Jesús —dijo Juan a la Ignacia y a la Salvadora. Llevaron las dos mujeres un colchón y mantas al sobrado.

—Ya está la cama —dijo la Salvadora.

El italiano, al despedirse, estrechó la mano de Juan y de Manuel, cogió su maleta y subió las escaleras hasta el cuarto de la buhardilla. Luego tomó el candelero con un cabo de vela de manos de la Ignacia.

—¿Tiene llave este cuarto? —preguntó.
—No.

Dejó su maleta con gran cuidado sobre la silla.

—Está bien —añadió—. Mañana, al amanecer, quisiera que se me llamara.
—Se le llamará.
—*Buona sera.*
—Malas trazas tiene el pájaro —dijo Manuel a su hermano.
—¡Quia! Es una excelente persona —replicó éste.
—¿Por qué no vas a la cama? —preguntó la Salvadora a Juan.
—Todavía es temprano.
—¡Qué ganas tiene de enviarte a la cama hoy la Salvadora! —dijo, torpemente, Manuel.

Ella le lanzó una mirada, y Manuel comprendió que se trataba de algo extraño, y se calló. Juan estaba muy pensativo; por más esfuerzos que hacía se le notaba una honda preocupación. Entró en el cuarto y estuvo paseándose largo rato.

—¿Qué pasa? —preguntó Manuel cuando se quedaron solos.

La Salvadora puso un dedo en los labios.

—Aguarda —murmuró.

Esperaron largo rato.

Juan apagó la luz en su cuarto; entonces, la Salvadora, en voz baja, dijo a Manuel:

—Ese hombre trae algo en la maleta; quizá una bomba.
—¡Eh!
—Sí.

—¿Por qué supones eso?

—Tengo indicios para creerlo. Es más, estoy segura.

—Pero, bueno, ¿qué has visto?

—He visto que cuando ha dejado la maleta lo ha hecho con gran cuidado; luego, al venir con Juan, he visto que por la calle, detrás de ellos, iban siguiéndoles dos hombres; además, ya ves cómo está Juan..., preocupado...

—Sí, es verdad.

—Ese hombre trae algo.

—Sí, creo que sí.

—¿Y qué hacemos?

—Hay que coger esa maleta —dijo Manuel.

—Iré yo —exclamó la Salvadora.

—¿Y si se despierta?

—No se despertará. Viene muy cansado.

Pasada una hora, salieron a la escalera y subieron los dos despacio. Acercaron el oído a la puerta del desván. Se oía la respiración lenta del hombre, que dormía.

—Yo sé dónde ha dejado la maleta —dijo la Salvadora—; a tientas estoy segura de cogerla.

Empujó la puerta, que rechinó suavemente, entró en el desván y salió al instante con la maleta en la mano.

Bajaron los dos al comedor sin hacer el menor ruido, y pusieron la maleta encima de la mesa. Estaba cerrada y bien cerrada. Manuel cogió un cuchillo y, forcejeando, la descerrajó.

Sacaron un manojo de ropa; luego, folletos y, de

en medio, una cosa dura envuelta en periódicos. Por el peso comprendieron que era algo terrible. Se quedaron pálidos, horrorizados. Destaparon el bulto. Era una caja de metal, cuadrada, de un palmo de alta, reforzada con alambres y con un asa de cuerdas.

—¿Qué hacemos con esto? —se preguntó Manuel, perplejo.

No se atrevían a tocarlo.

—¿Por qué no llamas a Perico? —dijo la Salvadora.

Bajó Manuel de puntillas la escalera. El electricista estaba todavía en el taller. Le llamó, y le contó lo que pasaba.

—Vamos a ver eso —dijo Perico, al oír la relación de Manuel.

Subieron los dos despacio, sin hablarse, y contemplaron el aparato.

—¡Ah! Ya comprendo lo que es —dijo Perico—. Esto —y señaló un tubito de cristal que salía por en medio de la caja y que estaba lleno de un líquido amarillento— debe tener un ácido. Si se quiere que estalle la máquina, se le da vuelta, el ácido corroe este corcho, lo que da tiempo al que pone la bomba de escapar; luego entra el ácido dentro, y provoca la explosión. Si llegáis a dar la vuelta a la caja, creo que a estas fechas ya no lo podríais contar.

La Salvadora y Manuel se estremecieron.

—¿Y qué hacemos? —preguntaron los dos.

—Hay que romper el tubo. ¡Ánimo! Y salga lo que saliere.

Perico apretó el tubo con un alicate, y lo hizo saltar.

—Ahora ya no hay cuidado. Vamos abajo.

Cogió el electricista la caja y, seguido de Manuel,

bajó la escalera. En el taller cortaron los alambres que reforzaban el aparato, y con un destornillador, Perico soltó una tapadera sujeta a tuerca. Hecho esto, volcó la lata, y salió una gran cantidad de polvo rojizo, que recogieron en un periódico. Había un par de kilogramos.

—Esto, ¿será dinamita? —preguntó Manuel.
—Debe de serlo.
—¿Y qué hacemos con ella?
—Échala en la pila de la fuente con cuidado y abre el grifo. Se irá marchando poco a poco.

Hizo esto Manuel, y dejó la llave de la fuente abierta.

—Aquí queda algo dentro —murmuró Perico.

Metió la punta de una tijera en la lata, y la fue abriendo.

Había pedazos de hierro retorcidos, y en el sitio de donde partía el tubo de cristal lleno de ácido había una cajita pequeña hecha con dos naipes y llena de polvos blancos, que olían a almendras amargas.

Lavaron la caja y tiraron los trozos de hierro por el sumidero del patio.

Terminada la operación, subieron de nuevo. La Salvadora había separado las ropas, los papeles encontrados en la maleta y un cuchillo largo, de cocina, con su vaina. Este cuchillo tenía un mango de madera pintado de rojo, adornado con los nombres de todos los anarquistas célebres, y, en medio de todos ellos, se leía: *Germinal*. Fueron mirando uno a uno los papeles. Había proclamas impresas, recortes de periódicos, grabados y notas manuscritas. En uno de los papeles estaba el dibujo de la bomba. Perico lo cogió para verlo. Por lo que señalaba el papel, en el compartimiento pequeño, hecho con dos naipes, llenos de polvos con olor a almendras amargas, había una mezcla de bicromato, permanganato y clorato potásicos empapados en nitrobencina. En el tubito había ácido sulfúrico, y el resto estaba lleno de dinamita y de pólvora cloratada.

—Yo voy a quemar todos estos papeles —dijo Manuel.

Hicieron fuego en la cocina y echaron los periódicos y, sobre ellos, el cuchillo. Cuando se carbonizó el mango, bajó Manuel el cuchillo al patio y lo metió en la tierra. Rebolledo, el jorobado, que había notado los pasos en la escalera, se levantó a ver lo que ocurría.

—¿Qué pasa? —dijo en voz alta.

Le hicieron enmudecer y le enteraron de lo ocurrido.

—¿Qué hay? —dijo Juan desde su cuarto, que al ruido se había alarmado.

—Nada —le contestó la Salvadora—. Perico, que ha perdido la llave.

—Registradle a Juan, por si acaso —dijo el jorobado—, no tenga alguna carta que le comprometa.

—Es verdad —dijo Manuel—. ¡Qué torpes hemos estado! Precisamente hace unos días ha recibido dos cartas.

Entró la Salvadora como a dar nuevas explicaciones al enfermo, y volvió con la chaqueta y el gabán de Juan. Allí estaban las dos cartas, una de ellas horriblemente comprometedora, pues se hablaba claramente de un complot. Se registraron las ropas de Juan y se quemaron todos los papeles.

—Yo creo que ahora podéis estar tranquilos —dijo

Rebolledo—. ¡Ah! Una cosa. Cuando venga la Policía, que vendrá, por lo que decís, si no traen los agentes auto del juez, preguntarán si les dejáis entrar, y les contestáis que sí, pero que vengan con dos testigos. En el mismo momento advertidle a Juan y decidle lo que habéis hecho, pero que no tenga tiempo de advertir nada al otro.

Pasaron la noche la Salvadora y Manuel en el comedor con una gran inquietud. Como si aquella máquina infernal hubiese estallado en su cerebro, Manuel sentía que todas sus ideas anarquistas se desmoronaban y sus instintos de hombre normal que volvían de nuevo. La idea de un aparato así calculado fríamente le sublevaba. Nada podía legitimar la mortandad que aquello podía producir. ¿Cómo Juan podía intervenir en un proyecto tan salvaje? ¡Él, tan exageradamente bueno y humano! Es verdad, como había dicho Prats una vez, que en la guerra se bombardeaban pueblos enteros y se sembraba la muerte por todas partes; pero en la guerra había una presión nacional sobre los ejércitos que combatían; había, además, una disgregación de la responsabilidad; cada uno hacía lo que le mandaban, y no podía hacer otra cosa, a riesgo de ser fusilado; pero en el caso de los anarquistas era distinto; no había fuerza que los impulsara a cometer el crimen; al contrario, todo conspiraba para que no lo cometiesen... y, sin embargo, ellos iban llevados por un bárbaro fanatismo, salvando todos los obstáculos, a sembrar la muerte entre infelices.

A la hora de costumbre, Manuel salió de casa; no había dado la vuelta a la calle de Magallanes cuando dos hombres le detuvieron.

—¿Es usted Manuel Alcázar?
—Servidor de ustedes.
—Queda usted detenido.
—Está bien.
—Vamos a registrar su casa. ¿Quiere usted darnos permiso para hacerlo, o quiere que vengamos con auto del juez?
—Lo mismo me da.
—Entonces, haga el favor de decírselo así a su familia.
—Bueno.

Volvieron a la casa.

—¡Ah! Yo exijo una cosa —dijo Manuel al entrar en el portal.
—¿Qué?
—Que asistan dos vecinos al registro.
—Está bien.

Manuel, con un agente, fue al Juzgado de guardia e inmediatamente le llevaron a presencia del juez.

—Tengo entendido —le dijo éste— que es usted un anarquista peligroso.
—¿Yo? No, señor; no soy anarquista.
—Entonces, el agitador es un hermano de usted.
—Mi hermano es anarquista, pero no de acción.
—Su hermano es escultor, ¿verdad?
—Sí, señor.
—Y un escultor notable. ¿Cómo no influye usted para que abandone esas ideas?

—Si pudiera, crea usted que lo haría; pero no tengo influencia para eso. Él ha estudiado y ha visto más que yo.

—Pues siento que su hermano se haya metido en un mal negocio. ¿Cuándo recibió su hermano las cartas de Passalacqua?

—¿Qué cartas? —preguntó cándidamente Manuel.

—¿No ha recibido su hermano de usted unas cartas?

—No sé; no le puedo decir a usted, porque yo paso muy poco tiempo en casa.

—¿Usted vio ayer al forastero que su hermano Juan ha hospedado en su casa?

—Sí, señor.

—¿Sabe usted cómo se llama?

—Mi hermano dijo que era un italiano que iba a pasar la noche.

—¿Llevaba ese italiano una maleta pesada?

—No sé; yo no lo vi. Cuando llegué de la imprenta estaba cenando. Las mujeres de casa le hicieron la cama en el desván y yo no me enteré de más.

—Bueno. Espere usted un instante.

Al cabo de poco tiempo le dijeron que podía marcharse.

Volvió de prisa a su casa. La Salvadora estaba sonriendo. Contó la escena entera. Juan había quedado asombrado al ver que en la maleta no había bombas, ni cuchillos, ni folletos.

Passalacqua, al ser registrado por los agentes, no había dicho esta boca es mía; los policías lo registraron todo y se llevaron unos libros de Juan.

Después del registro habían detenido al italiano como indocumentado y a Juan le habían dejado libre.

Por la noche, los periódicos hablaron del registro llevado a cabo en casa de Manuel. Lo consideraban como una plancha de la Policía.

Passalacqua había declarado que, efectivamente, era anarquista; pero no anarquista de acción, y que venía a España a buscar trabajo.

Había indicios para creer que no se llamaba Passalacqua, sino Butti, y que estaba reclamado por la Policía italiana. Venía de América, en donde había estado preso por varios robos. El Gobierno decretaría inmediatamente su expulsión.

Por la noche, al volver Manuel de la imprenta, se encontró con Juan.

—Pero ¿cómo es posible que hayas tomado parte en un proyecto tan estúpido? —le preguntó.

—Es necesario; hay que hacer la revolución; hay que sacrificarse por ella.

—Pero es imbécil. ¿Qué íbais a adelantar con eso?

—¿Qué? Hacer saltar esta armazón social, este conglomerado de iniquidades a fuerza de bombas. Hay que barrer todo lo que queda de esta sociedad podrida.

—En nombre del bienestar de todos, ¿eh?

—Tú lo has dicho —contestó Juan.

—Y en nombre del derecho a la vida de los que han de vivir, vais a matar al niño y al viejo y a la mujer..., que ya viven.

—Es necesario —replicó Juan con voz sombría.

—¡Ah! ¡Es necesario!

—Sí. El cirujano que amputa un miembro gangrenado tiene que cortar carne sana.

—Y tú, libertario —repuso Manuel—; tú, que crees que el derecho de vivir de un hombre está por encima de todo; tú, que no aceptas que uno evite la fatiga y haga trabajar a otro, aceptas que un inocente tenga que sacrificar su vida para que los hombres de mañana vivan bien. Pues yo te digo que eso es imbécil y es monstruoso. Y si a mí me dijeran que la felicidad de la Humanidad entera se podría conseguir con el lloro de un niño, y eso estuviera en mi mano, yo te digo que no le haría llorar a un niño, aunque todos los hombres del mundo se me pusieran de rodillas...

—Y harías bien —murmuró Juan—. Por los niños, por las mujeres, por los débiles, nosotros trabajamos. Y por ellos hay que destruir la sociedad actual, basada en la iniquidad; por ellos hay que cauterizar brutalmente la llaga social.

Para Juan, en su exaltación, todos los caminos, todos los procedimientos, eran buenos, con tal que trajeran la revolución soñada. Ésta sería la aurora de un nuevo día, la aurora de la justicia, el clamor del pueblo entero, durante tantos años vejado, martirizado, explotado, reducido a la miserable situación de bestia de carga. Sería una aurora sangrienta en donde a la luz de los incendios crujiría el viejo edificio social, sustentado en la ignominia y en el privilegio, y no quedaría de él ni ruinas, ni cenizas, y sólo un recuerdo de desprecio por la vida abyecta de nuestros miserables días.

Sería el barro negro de las Injurias y de las Cambroneras, que ahogaría a los ricos; la venganza justa contra las clases directoras, que hacían del Estado una policía para salvar sus intereses, obtenidos por el robo y la explotación; que hacían del Estado un medio de calmar a tiros el hambre de los desamparados...

Aquella mayor parte de la Humanidad que agonizaba en el infierno de la miseria se rebelaría e impondría la piedad por la fuerza, e impediría que se siguieran cometiendo tantas infamias, tantas iniquidades. Y para esto, para excitar la rebelión a las masas, todos los procedimientos eran buenos: la bomba, el incendio, el regicidio...

¿Qué se podía contestar a un fanatismo así?

No había argumentos posibles; pero Manuel, cuando vio a Juan ya más tranquilo, le atacó de soslayo.

—Por lo menos —dijo—, ya que estás dispuesto a un sacrificio tan grande, entérate primero de si no te engañan. Este Passalacqua era de la Policía.

—¿Crees tú?

—Sí. Estoy seguro. ¿Quién viaja con un montón de papeles comprometedores, con un cuchillo grande con el mango lleno de nombres anarquistas?

—Eso no tiene nada de particular.

—Pues bien, yo te digo que Passalacqua es de la Policía, que sabía que iban a venir a registrar esta casa, y si sigues fiándote así de cualquiera, no te sacrificarás por la anarquía, sino que harás el caldo gordo al Gobierno. Tú no le conocías antes a Passalacqua, ¿verdad?

—No.

—¿Cómo te relacionaste con él?

—Hace una semana recibí una carta de Passalacqua desde Barcelona; me decía que venía por un asunto urgente y si yo tenía un sitio seguro donde acogerle. Le contesté que sí, y entonces me escribió que el día primero del mes llegaría, que tenía la intención de poner una bomba al paso de la comitiva en las fiestas de la coronación, y que le reconocería por estas señas: joven afeitado, con boina, con una maleta amarilla en la mano derecha y un paraguas negro en la izquierda. Al verle debía preguntarle: «¿Éste es el tren de Barcelona?» Y él me contestaría: «Yo no sé, señor; no entiendo bien el castellano». Efectivamente, así lo hice; bajé a la estación del Mediodía y me encontré con el italiano. Tomamos un coche. Passalacqua me indicó lo que trataba de hacer y que llevaba la bomba en la maleta. Iba yo a llevarle a mi antigua casa de huéspedes, cuando me dijo: «Soy indocumentado. Quizá no me quieran admitir aquí».

—Ves —saltó Manuel—: tenía interés en venir a tu casa.

—Yo le dije que sí, que le admitirían; pero él se empeñó en que estaría más seguro en mi casa. Yo no hubiera querido comprometeros a vosotros, pero lo traje aquí. Al irme a la cama, pensaba: «Si viene la Policía, nos revienta». Cuando me han despertado he dicho: «Aquí está», y, la verdad, al resultar que no había nada, ni bomba, ni papeles, me he quedado asombrado. ¿Cómo habéis podido saber que iban a registrar la casa?

—La Salvadora lo sospechó; después yo tengo indicios para creer que Passalacqua es de la Policía.

Manuel insistió en este punto para ver si llevaba la duda y la desconfianza al ánimo de su hermano.

VII

OTRA VEZ ROBERTO. — LA LUCHA POR LA VIDA. — EL REGALO DEL INGLÉS. — EL AMOR.

Una tarde, después de comer, estaba Manuel regando las plantas de su huertecillo, cuando se presentó Roberto.

—Hola, chico, ¿qué tal? ¿Estás de jardinero?
—Ya ve usted. ¿Y la señorita Kate?
—Muy bien. Allí, en Amberes, con su madre. Hemos hablado mucho de ti.
—¿Sí? ¿De veras?
—Te recuerdan con verdadero cariño.
—Son muy buenas las dos.
—Tengo ya un chico.
—¿Sí? ¡Cuánto me alegro!
—Es un pequeño salvaje. Su madre lo está criando. ¿Y tus negocios? ¿Qué tal van?
—No tan bien como yo quisiera; no le voy a poder devolver el dinero tan pronto como creía.
—No importa. Cuando puedas. ¿Qué te pasa? ¿No marcha el negocio?
—Sí, va muy despacio; pero me matan los obreros socialistas.

—¿Los socialistas?

—Sí. Está uno atado de pies y manos. Las sociedades hacen ya en todos los oficios lo que quieren, ¡con un despotismo! Uno no puede tener los obreros que se le antojen, sino los que ellos quieran. Y se ha de trabajar de esta manera, y se ha de despachar a éste, y se ha de tomar al otro... Es una tiranía horrible.

—Y con esto, tu tendencia anarquista se habrá aumentado.

—Claro que sí. Porque si hay que hacer la revolución social, que la hagan de una vez; pero que le dejen a uno vivir... ¿Quiere usted subir un rato, don Roberto?

—Bueno.

Subieron los dos y pasaron al comedor. Roberto saludó a la Salvadora.

—Tomará usted café, don Roberto, ¿eh? —le preguntó Manuel.

—Sí.

Le trajeron una taza de café.

—¿Tu hermano es también anarquista? —preguntó Roberto.

—Mucho más que yo.

—Usted debe curarles de ese anarquismo —dijo Roberto a Salvadora.

—¿Yo? —preguntó ella, ruborizándose.

—Sí, usted, que seguramente tiene más buen sentido que Manuel. Al artista no le conozco. A éste, sí, desde hace tiempo, y sé cómo es: muy buen chico; pero sin voluntad, sin energía. Y no comprende que la energía es lo más grande; es como la nieve del Guadarrama, que sólo brilla en lo alto. También la bondad y la ternura son hermosas; pero son condiciones inferiores, de almas humildes.

—Y si yo soy humilde, ¿qué le voy a hacer?

—¿Ve usted? —replicó Roberto, dirigiéndose a la Salvadora—. Este chico no tiene soberbia. Luego es un romántico, se deja arrastrar por ideas generosas; quiere reformar la sociedad...

—No me venga usted con bromas. Yo ya sé que no puedo reformar nada.

—Eres un sentimental infecto.

Luego añadió, dirigiéndose también a la Salvadora:

—Yo, cuando hablo con Manuel, tengo que discutir y que reñirle. Perdone usted.

—¿Por qué?

—¿No le molesta a usted que le riña?

—Si le riñe usted con razón, no.

—¿Y que discutamos tampoco le molesta?

—Tampoco. Antes me aburrían las discusiones; ahora, ya no; me interesan muchas cosas y también soy algo avanzada.

—¿De veras?

—Sí; casi casi libertaria, y no es por mí, precisamente; pero me indigna que el Gobierno, el Estado o quien sea, no sirva más que para proteger a los ricos contra los pobres, a los hombres contra las mujeres y a los hombres y a las mujeres contra los chicos.

—Sí, en eso tiene usted razón —dijo Roberto—. Es el aspecto más repugnante de nuestra sociedad ése, el que se encarnice con los débiles, con las mujeres, con los niños, y que, en cambio, respete todas las formas de la bravuconería y todas las formas del poder.

—Yo cuando leo esos crímenes —siguió diciendo la Salvadora— en que los hombres matan a una mujer, y luego se les perdona porque han llorado, me da una ira...

—Sí, ¿qué quiere usted? Es el Jurado, sentimental, que va a la Audiencia como quien va al teatro. Así, le condenan a veinte años de presidio a un falsificador y dejan libre a un asesino.

—¿Y por qué las mujeres no habían de ser jurados? —preguntó la Salvadora.

—Sería peor; se mostrarían seguramente más crueles para ellas mismas.

—¿Cree usted?

—Para mí, es seguro.

—La pena debía de ser —dijo Manuel— menor para la mujer que para el hombre; menor para el que no sabe que para el que sabe.

—A mí me parece lo mismo —añadió la Salvadora.

—Y a mí también —repuso Roberto.

—Eso es lo que debía modificarse —siguió diciendo Manuel—; las leyes, el Código. Porque eso de que haya República o Monarquía o Congreso, bastante nos importa a nosotros. ¿Por qué, por ejemplo, han de poner en el Registro Civil si un niño es legítimo o no? Que le apunten y nada más.

—Pues eso se va consiguiendo poco a poco —replicó Roberto—. Se van haciendo liquidaciones parciales, y las leyes cambian. En España todavía no; pero vendrán esas modificaciones y vendrán mejor, ¡créelo!, si hay una voluntad fuerte, un poder audaz, encargado de dominar el desconcierto de los egoísmos y de los apetitos.

—Sí; el despotismo ilustrado. Para mí, la autoridad es mejor que la ley. La ley es rígida, estable, sin matiz; la autoridad puede ser más oportuna y, en el fondo, más justa.

—Pero obedecer a un hombre es horrible.

—Yo prefiero obedecer a un tirano que a una muchedumbre; prefiero obedecer a la muchedumbre que a un dogma. La tiranía de las ideas y de las masas es para mí la más repulsiva.

—¿No cree usted en la democracia?

—No; la democracia es el principio de una sociedad, no el fin; es como un solar lleno de piedras de un edificio derruido. Pero este estado es transitorio. Lentamente se va edificando, y cada cosa toma su lugar, no el antiguo, sino otro nuevo.

—¿Y siempre habrá piedras altas y piedras bajas?

—Seguramente.

—¿Usted no cree que los hombres van a la igualdad?

—Quia, al revés; vamos a la diversidad; vamos a la formación de nuevos valores, de otras categorías. Claro que es inútil actualmente, y además perjudicial, que un duque, por ser hijo de duque y nieto de otro y descendiente de un cobrador de gabelas del siglo diecisiete, o de un lacayo de un rey, tenga más medios de vida que un cualquiera; pero, en cambio, es natural y justo que Edison tenga más medios de vida y de cultura que ese cualquiera.

—Pero entonces se va a la formación de otra aristocracia.

—Sí; pero de una aristocracia cambiante en consonancia con las aristocracias de la Naturaleza. No vas a cruzar el Támesis con un puente de las mismas dimensiones con que cruzas el Manzanares.

—Me parece una desigualdad. Una cosa que había que evitarla.

—¡Evitarla! Es imposible. La Humanidad lleva su marcha, que es resultante de todas las fuerzas que actúan y que han actuado sobre ella. Modificar su trayectoria es una locura. No hay hombre, por grande que sea, que pueda hacerlo. Ahora sí, hay un medio de influir en la Humanidad, y es influir en uno mismo, modificarse a sí mismo, crearse de nuevo. Para eso no se necesitan bombas, ni dinamita, ni pólvoras, ni decretos, ni nada. ¿Quieres destruir todo? Destrúyelo dentro de ti mismo. La sociedad no existe, el orden no existe, la autoridad no existe. Obedeces la ley al pie de la letra y te burlas de ella. ¿Quieres más nihilismo? El derecho de uno llega hasta donde llega la fuerza de su brazo. Después de esta poda, vives entre los hombres sin meterte con nadie.

—Sí, ¿pero usted no cree que fuera de uno mismo se puede hacer algo?

—Algo, sí. En mecánica podrás encontrar una máquina nueva; lo que no podrás encontrar será el movimiento continuo, porque es imposible. Y la felicidad de todos los hombres es algo como el movimiento continuo.

—¿Pero no es posible un cambio completo de las ideas y de las pasiones?

—Durante muchos años, sí. El agua que cae en el Guadarrama tiene que ir al Tajo necesariamente. Las ideas, como el agua, buscan sus cauces naturales, y se necesitan muchos años para que varíe el curso de un río y la corriente interna de las ideas.

—¿Pero usted no cree que con una medida enérgica podía cambiarse radicalmente la forma de la sociedad?

—No. Es más, creo que no hay actualmente, ni aun pensada siquiera, una reforma tan radical que pueda cambiar las condiciones de la vida moderna en su esencia. Respecto al pensamiento, imposible. Se destruye un prejuicio; nace en seguida otro. No se puede vivir sin ellos.

—¿Por qué no?

—¿Quién va a vivir sin afirmar nada por el temor de engañarse esperando la síntesis última? No es posible. Se necesita alguna mentira para vivir. La república, la anarquía, el socialismo, la religión, el amor..., cualquier cosa, la cuestión es engañarse. En el terreno de los hechos no hay tampoco solución. Que venga la anarquía, que no vendrá, porque no puede venir; pero bueno, supón que venga, y tras ella una repartición pacífica y equitativa de la tierra, y que esta repartición no traiga conflictos ni luchas... Al cabo de algún tiempo de cultivo intensivo, de fecundidad, ya está el problema de las subsistencias y la lucha por la vida en circunstancias más duras, más horrorosas que ahora.

—¿Y qué remedio habrá entonces?

—Remedio, ninguno. El remedio está en la misma lucha; el remedio está en hacer que la sociedad se rija por las leyes naturales de la concurrencia. Lo que en castellano quiere decir: «Que a quien Dios se la dé, San Pedro se la bendiga». Y para esto, lo mejor sería echar todos los estorbos; quitar la herencia, quitar toda protección comercial, todo arancel: romper con las reglamentaciones del matrimonio y de la familia: quitar la reglamentación del trabajo; quitar la religión del Estado; que todo se rija por la libre concurrencia.

—¿Y los débiles? —preguntó Manuel.

—A los débiles se les llevará a los asilos para que no molesten, y si no se puede, que se mueran.

—Pero eso es cruel.

—Es cruel, pero es natural. Para que pueda perpetuarse una raza es preciso que gran número de individuos mueran.

—¿Y los criminales?

—Exterminarlos.

—Eso es feroz. Es usted muy duro, muy pesimista.

—No. Eso de pesimismo y optimismo no son más que fórmulas vacías, absolutamente artificiales. ¿Que el dolor está mezclado a nuestra vida en mayor cantidad que el placer, o al contrario? Eso no lo puede calcular nadie ni importa tampoco el calcularlo. ¡Créeme! En el fondo no hay más que un remedio y un remedio individual: la acción. Todos los animales, y el hombre no es más que uno de ellos, se encuentran en un estado permanente de lucha; el alimento tuyo, tu mujer, tu gloria, tú se lo disputas a los demás; ellos te lo disputan a ti. Ya que nuestra ley es la lucha, aceptémosla, pero no con tristeza, con alegría. La acción es todo, la vida, el placer. Convertir la vida estática en vida dinámica; éste es el problema. La lucha siempre, hasta el último momento, ¿por qué? Por cualquier cosa.

—Pero no todos están a bastante altura para luchar —dijo Manuel.

—El motivo es lo de menos. El acontecimiento está dentro de uno mismo. La cuestión es poner en juego el fondo de la voluntad, el instinto guerrero que tiene todo hombre.

—Yo no lo siento, la verdad.

—Sí, tus instintos se funden en un sentimiento de piedad para los demás. ¿no es verdad? No sientes el egoísmo fiero... Estás perdido.

Manuel se echó a reír. Pasó Juan por el corredor.

—Este muchacho está mal —dijo Roberto—. Debía marcharse de Madrid, al campo.

—Pero no quiere.

—¿Trabaja mucho ahora?

—No; preocupado con esas cosas de anarquía, no hace nada.

—¡Qué lástima!

Se levantó Roberto y se despidió de la Salvadora muy afectuosamente.

—Crea usted que le envidio a Manuel —le dijo.

La Salvadora sonrió.

Manuel acompañó a Roberto a la puerta.

—¿Sabes quién me persigue todos los días?

—¿Quién?

—Un señor Bonifacio Mingote. Creo que tú le conoces.

—Sí.

—Me habló pestes de la madre de Kate, sin saber quién era yo. ¡Figúrate! Yo me las eché de incomodado y ahora no hace más que escribirme cartas que yo no leo.

—¿Y qué es de él, cómo vive ahora?

—Creo que vive con una mujer que le pega y le hace barrer la casa.

—Él, que era tan conquistador.
—Sí, ¿eh?..., pues ya ves; ha sido conquistado. Oye, te tengo que decir una cosa —dijo Roberto en la puerta de la escalera.
—Usted dirá.
—Mira, no sé cuándo volveré a España; es muy posible que tarde, ¿sabes?
—Sí.
—He hablado con mi mujer y con mi suegra de ti; las he enterado de cómo vivías; les he hecho un retrato de la Salvadora y se han alegrado mucho al saber que estabas bien, y las dos me han dicho que en recuerdo de su amistad te quedes tú solo con la imprenta.
—Pero eso no puede ser.
—¡No ha de poder ser! Aquí tienes la escritura de venta. Guárdala.
—¡Pero es mucho dinero!
—¡Quia, hombre, qué ha de ser mucho dinero! Oye ahora un consejo. Cásate cuanto antes con esa muchacha. ¡Adiós!
Y Roberto cogió la mano de Manuel, se la estrechó afectuosamente y bajó las escaleras; luego, desde el portal, exclamó:
—¡Ah! Hay una advertencia; si al primer chico que tengas le llamas Roberto, vendré desde Inglaterra a ser su padrino.

Manuel, sin salir aún de su asombro, volvió al comedor, al lado de la Salvadora.
—Me ha regalado la imprenta —dijo.
—¡Eh!

—Sí. Ésta es la escritura. Ya no tienes necesidad de trabajar tanto, ni de ahorrar. ¿Es un barbián mi amigo, verdad?
—Sí; es muy simpático.
—Y generoso.
—Debe serlo.
—Y enérgico, ¿verdad?
—Sí.
De pronto, Manuel, con aire cómicamente desolado, dijo:
—¿Sabes que estoy celoso?
—¡Celoso! ¿De quién?
—De Roberto.
—¿Por qué?
—Porque le has oído con admiración.
—Es verdad —replicó burlonamente la Salvadora.
—¿Y a mí no me admiras?
—Ni pizca. Tú no eres tan enérgico...
—Ni tan guapo, ¡eh!...
—Es verdad.
—Ni tan listo...
—Claro que no.
—¿Y dices que me quieres?
—Te quiero porque tengo mal gusto; te quiero así, brutito, feo, poco enérgico.
—Entonces..., déjame que te bese.
—No; cuando estemos casados.
—¿Y qué necesidad hay de esa farsa?
—Sí; por los hijos.
—¡Ah! ¿Tú quieres que tengamos hijos?
—Sí.
—¿Muchos?
—Sí.

—¿Y no te da miedo tener muchos hijos?
—No; para eso somos las mujeres.
—Entonces tengo que besarte; no hay más remedio. Te besaré con respeto; ¿no quieres? Te besaré como a una santa. ¿No te convences tampoco? Te besaré como si besara la bandera roja, ¿sabes?

La Salvadora vaciló y presentó la mejilla; pero Manuel la besó en los labios.

VIII

La coronación. — Los que encarecen los garbanzos. El final del señor Canuto.

No se varió nada en la casa con el matrimonio, que se celebró sin ceremonias de ninguna clase. Manuel estaba resplandeciente. El estado de Juan era lo que turbaba su felicidad; le veía siempre inquieto, febril. De noche, soñando, hablando a gritos, y tosía continuamente hasta romperse el pecho. Ya no tomaba las medicinas ni hacía caso de las prescripciones del médico; salía a todas horas, bebía aguardiente para excitarse algo y se reunía con los amigos en la taberna de Chaparro.

Mientras tanto, Silvio Fernández Trascanejo maniobraba a sus anchas. Se había ganado la confianza de todos los socios de La Aurora, y les había hecho creer que había una conjuración revolucionaria terrible para el día de la coronación.

—Con que uno dé la señal —decía Trascanejo—, yo me echo al centro con la gente de barrios bajos.

El más convencido de todos era Juan.

—La cosa está ya hecha —le dijo el *Madrileño* a Manuel una vez—. Ahora se va a batir el cobre bien.

Hay, además, setenta y dos compañeros que han venido a Madrid. Están perseguidos de cerca por la Policía española y extranjera; pero no saben dónde se encuentran. Hemos recibido instrucciones de Londres, nos pondremos a lo largo de la carrera a esperar. Si podemos coger al rey vivo, mejor.

Juan estaba febril, deseando que llegara el momento; sus nervios, en constante tensión, no le dejaban reposar un instante. Estaba dispuesto a sacrificarse por la causa. Además, y esto le perdía, veía el acontecimiento en artista. Veía la brillante comitiva de reyes, de príncipes, de embajadores, de grandes damas, pasando por en medio de las bayonetas, y se veía a él avanzando, deteniendo la comitiva con el grito estridente de «¡Viva la anarquía!».

La noche antes del día de la fiesta, Juan no apareció por la casa. Manuel fue a La Aurora por ver si le encontraba.

Estaban allá el *Inglés*, Prats, el *Madrileño* y Silvio, que peroraba. No le habían visto a Juan. En esto entró el *Libertario*, se acercó a Silvio, le agarró de la solapa y le dijo:

—Usted es un soplón y un polizonte. ¡Hala! ¡Fuera de aquí!

Quedaron todos extrañados. Silvio, que estaba sentado, se levantó dignamente; recibió también dignamente un puntapié certero que le arreó el *Inglés*, el del juego de bolos. Al llegar a la puerta de la taberna, el hombre de los tres conejos en campo de azur se sintió hidalgo, recordó su apellido, se volvió, hizo un corte de mangas a todos y echó a correr por el paseo de Areneros como un huracán, llevándose una mano atrás y otra al sombrero, sin duda para que no se lo llevara el aire.

—¿Era un polizonte? —dijeron Prats y el *Madrileño,* asombrados.

—Sí.

—¿Y todo lo que nos ha contado es mentira?

—Y tan mentira.

Al día siguiente no había venido Juan, y Manuel salió de casa. La Salvadora quedó cosiendo, desazonada.

Era un día de mayo esplendoroso; un cielo azul; una tarde de oro. La luz intensa, cegadora, vibraba llameante en las colgaduras amarillas y rojas, en las banderas, en los gallardetes, en los farolillos de las iluminaciones.

Hormigueaba la gente por las calles. En los balcones y en las ventanas, en las cornisas y en los tejados, en las tiendas y en los portales, se amontonaban los curiosos. El sol reía en los trajes claros de las mujeres, en los sombreros vistosos, en las sombrillas rojas y blancas, en los abanicos que aleteaban como mariposas, y bajo el cielo azul de Prusia todo palpitaba y refulgía y temblaba a la luz del sol con una vibración de llama.

Manuel fue husmeando por entre la multitud; a veces, el gentío lo llevaba a un lado y tenía que estarse en la esquina de una calle quieto durante algún tiempo.

Un temblor le iba y otro le venía, pensando que a cada momento podía oír una explosión. Por fin se hizo la masa menos compacta, y Manuel pudo avanzar; la gente iba hacia la Carrera de San Jerónimo.

—¿Ha pasado algo? —dijo Manuel a un municipal.

—No.
—¿Por qué va la gente hacia allá?
—Para ver otra vez al rey.
—¿Tiene que volver a pasar por aquí?
—Sí.

Manuel avanzó hasta ponerse en primera fila, cerca de los soldados, en la calle Mayor. Miró a todas partes por si veía a Juan o a alguno de los compañeros. No vio a nadie.

No tardó mucho en estar la comitiva de vuelta. A la entrada de la Carrera de San Jerónimo se veía avanzar la tropa de jinetes que abría el paso.

La muchedumbre, mal contenida por los guardias civiles, avanzaba en oleadas; pasaban por entre los caballos hombres y mujeres congestionados, sudando. Los soldados que formaban la carrera hacían retroceder a la gente con la culata de sus fusiles.

Comenzó a pasar la comitiva por entre las filas de soldados y los cuchillos del máuser, que refulgían al sol; aparecieron los palafraneros a caballo, abriendo la marcha, con sus trajes vistosos, de casaca, media blanca y sombrero de tres candiles; luego siguieron varios coches, de concha y de laca pintados y dorados, con sus postillones a la grupa y sus lacayos tiesos, empelucados, llenos de galones, y los caballos hermosos, de movimientos petulantes, con penachos blancos y amarillos. Después de estos coches de respeto pasaron otros también dorados, ocupados por señoras ajadas, adornadas con diademas, con el traje cubierto por montones de perlas, acompañadas por hombres de aire insignificante, enfundados en uniformes vistosos, con el pecho lleno de cruces y de placas.

—¿Quiénes son? —preguntó Manuel.

—Serán diputados o senadores.

—No —repuso otro—; éstos son mayordomos de Palacio. Criados elegantes.

Dos viejas gordas, sudorosas, vociferando, peleándose con la gente, llegaron hasta ponerse en primera fila.

—Ahora veremos bien —dijo una de ellas.

—¿Ve usted esas que pasan ahí? —les dijo un aprendiz con sorna, señalando a las damas con el dedo—. Pues ésas son las que hacen subir los garbanzos.

—Y que el pueblo no pueda vivir —añadió un hombre de malas trazas.

—¡Qué feas son! —murmuró una de las viejas gordas a su compañera.

—No, que serán guapas —replicó el aprendiz—. Con esa señora se podría poner una carnicería —añadió, señalando con el dedo una anciana y melancólica ballena que iba en un coche suspendido por muelles.

—Y *to* lo llevan al aire —siguió diciendo la vieja a su compañera, sin hacer caso de las observaciones del muchacho.

—*Pa* que no las entre la polilla —replicó el aprendiz.

—Y *tien* las tetas *arrugás*.

—No, que las tendrán duras.

—¿Y esas señoras son las ricas? —preguntó la lugareña a Manuel, muy preocupada.

—Sí.

—Parece que tienen cara de no haberse desayunado nunca. ¿Verdad, usted? —preguntó el aprendiz en serio.

—¡Ya vienen! ¡Ya vienen!

Se estrechó más la gente. Manuel tembló. Pasaron las infantas en sus coches con los caballerizos a los lados; luego, los príncipes de Asturias.

—¡Ahí va Caserta! —se oyó decir.

Luego del coche de los príncipes vino otro vacío; después, unos cuantos soldados de la Escolta Real y el rey, la reina y una infanta.

El rey saludaba militarmente, hundido en el coche, con aire fatigado e inexpresivo.

La regente, rígida, miraba a la multitud con indiferencia, y sólo en los ojos de la infanta, de tez morena, había un relámpago de vida y de alegría.

—¡Qué delgado está!

—Parece enfermo —se oía decir a un lado y a otro.

Pasó todo el cortejo; la masa de gente se hizo más permeable. Manuel pudo acercarse a la esquina de la calle Mayor, y en ella se encontró con el señor Canuto. Por el brillo de las mejillas le pareció que debía de estar borracho.

—¿Qué hay? —le dijo Manuel—. ¿De dónde viene usted?

—De Barcelona.

—¿Ha visto usted a Juan?

—Ahí está, en la calle Mayor.

—¿No ha pasado nada?

—¿Te parece poco? Se ha acabado el reinado de María Cristina —dijo el señor Canuto en voz alta—. Esta buena señora tendrá muchas virtudes; pero lo que es suerte, no nos ha dado muy buena a los españoles. ¡Vaya un reinado! Miles de hombres muertos en Cuba, miles de hombres muertos en Filipinas, hombres atormentados en Montjuich, inocentes como

Rizal fusilados, el pueblo muriéndose de hambre. Por todas partes sangre..., miseria... ¡Vaya un reinado!

Manuel abandonó al señor Canuto en su peroración y se dirigió a la esquina de la calle Mayor.

Juan estaba pálido y sin fuerzas, formando un grupo con Prats, Caruty y el *Madrileño*.

Estos dos últimos, borrachos, gritaban y escandalizaban.

—Vamos, tú —le dijo Manuel a Juan—. Esto se ha terminado.

Volvieron todos por la Puerta del Sol, y se encontraron con el *Libertario* y con el señor Canuto.

—¿No decía yo que no pasaría nada? —dijo el *Libertario* sarcásticamente—. Yo no sé qué ilusiones os habíais hecho vosotros. Nada. Los terribles revolucionarios que iban a pedir cuenta al Gobierno de los miles de hombres sacrificados en Cuba y en Filipinas para sostener la Monarquía, modelos de corrección y de sensatez, se han marchado de Madrid a derrochar su oratoria fanfarrona por los rincones de provincias. Nada. Esto es la sociedad española; este desfile de cosas nuestras ante la indiferencia de un pueblo de eunucos.

El *Libertario* tenía una exaltación fría.

—Aquí no hay nada —siguió diciendo burlonamente—; esto es una raza podrida; esto no es pueblo; aquí no hay vicios, ni virtudes, ni pasiones; aquí todo es m... —y repitió la palabra dos o tres veces—. Política, religión, arte, anarquistas, m... Puede ese niño abatido y triste recorrer su ciudad. Lo puede hacer y puede andar, si quiere, a latigazos con esta morralla. Ese rebaño de imbéciles no se incomodará.

—¡Tienes razón! —exclamó el señor Canuto.

En esto cruzó la Puerta del Sol, entre la gente, un batallón. Sonaban estrepitosamente los tambores, brillaban las bayonetas y los sables. Al llegar frente a la calle del Arenal, la banda comenzó a tocar un pasodobe.

Se pararon.

—Aquí está la *mili*, como siempre, haciendo la pascua —dijo el señor Canuto.

Al pasar la bandera, los soldados se cuadraban; el teniente decía: «¡Firmes!», y saludaba con el sable.

—El trapo glorioso —exclamó alto el señor Canuto—; el símbolo del despotismo y de la tiranía.

Un teniente oyó la observación y se quedó mirando al viejo amenazadoramente.

Caruty y el *Madrileño* intentaron cruzar por en medio de los soldados.

—No se puede pasar —dijo un sargento.

—Estos *sorchis*, porque visten con galones —dijo el *Madrileño*—, ya se figuran que son superiores a nosotros.

Pasó una bandera y dio la coincidencia de que se parara delante de ellos.

El teniente se acercó al señor Canuto:

—Quítese usted el sombrero —le dijo.

—¿Yo?

—Sí.

—¡No me da la gana!

—Quítese usted el sombrero.

—He dicho que no me da la gana.

El teniente levantó el sable.

—¡Eh, guardias! —gritó—. ¡Prendedle!

Un hombre bajito, de la Policía secreta, se echó sobre el señor Canuto.

—¡Muera el Ejército! ¡Viva la revolución social! ¡Viva la anarquía! —gritó el viejo, temblando de emoción y levantando el brazo en el aire.

Luego ya no se le vio; desapareció entre la multitud; unos polizontes se arrojaron sobre él; los guardias civiles metieron sus caballos entre la gente... Juan intentó ir en socorro del viejo; pero le faltaron las fuerzas, y se hubiera caído si no le hubiera agarrado Manuel. Éste fue sosteniéndole hasta sacarle de en medio del gentío. Pasaron entre los caballos y los coches amontonados en la Puerta del Sol. Juan iba poniéndose muy pálido.

—Ten fuerza un momento, ya vamos a salir —le decía Manuel.

Llegaron a la acera y tomaron un coche. Cuando pararon delante de la casa en la calle de Magallanes, Juan estaba desmayado y tenía las ropas llenas de sangre.

IX

La noche. — Los cuervos. — Amanece. — Ya estaba bien.
Habla el «Libertario».

Al llegar, Manuel tomó en brazos a Juan y le subió a su casa.

La Ignacia y la Salvadora, al verle en aquel estado, preguntaron desoladas:

—¿Qué ha sido? ¿Qué ha sido?

—Nada, que le ha dado un vómito, y no sé cómo no se ha muerto. Está desmayado.

Le desnudaron entre los tres, le pusieron botellas de agua caliente y llamaron al médico. Le dio éste una porción de morfina, porque de cuando en cuando el enfermo seguía tosiendo y echando sangre.

—¿Cómo está? —le preguntó la Salvadora al médico.

—Mal, muy mal. Hay una depauperación grande y la enfermedad se encuentra muy avanzada. No puede resistir más que días.

Se marchó el médico, se tranquilizó Juan, y pasó toda la noche durmiendo con un sueño tranquilo. A veces su respiración se hacía bronca y sibilante; otras, de su pecho salía un gorgoteo, como el del agua al salir de una botella. Pasaban minutos en que parecía que ya no alentaba, hasta que un suspiro profundo normalizaba de nuevo la respiración.

La Salvadora y Manuel pasaron toda la noche en el cuarto observando al enfermo.

Por la mañana, la Ignacia salió de casa a oír misa.

—Vete tú también a la imprenta —dijo la Salvadora a Manuel—; si pasa algo, ya te avisaré.

Al volver de la calle la Ignacia, dijo con cierto misterio a la Salvadora:

—¿Se ha marchado Manuel?

—Sí.

—Me alegro.

—¿Por qué?

—Porque he avisado un cura para que confiese a Juan. El pobre lo está deseando. ¡Como ha sido seminarista! Pero no se atreve a pedirlo.

Quedó la Salvadora azarada con la noticia.

—Pero ¿sabes tú si él querrá confesarse? —preguntó.

—Sí, ya lo creo. Se lo diremos nosotras.

—Yo, no; yo no se lo digo.

—Pues se lo diré yo.

Y la Ignacia se acercó a la cama.

—No, no le despiertes.

—Déjame.

En aquel momento sonó la campanilla de la casa.

—Aquí está —dijo la Ignacia.

Al ruido de abrir y cerrar la puerta, Juan abrió los ojos y, al ver a la Salvadora, sonrió.

—Siento una gran debilidad, pero estoy muy a gusto. ¿He dormido mucho rato? —preguntó.

—Sí, todo el día. Nos has dado un susto grande

—balbució la Salvadora—, y la Ignacia, como es así, ha llamado a un cura, y está ahí.

El rostro de Juan se demudó:

—¿Está aquí? —preguntó intranquilo.

—Sí.

—No le dejes entrar. Defiéndeme, hermana mía. Quieren turbar mis últimos momentos. Defiéndeme.

Y Juan buscó la mano de la Salvadora.

—No tengas cuidado —dijo ella—. Si no quieres, no entrará.

—No, no, nunca.

—Espera un momento, le voy a decir que se vaya.

Salió la Salvadora al comedor. Un cura, alto, flaco, huesudo, con una sotana raída, paseaba de arriba abajo.

—Permítame usted, señor cura —le dijo la Salvadora.

—¿Qué quieres, hija mía?

—Mire usted, señor cura, mi cuñado nos ha dado un susto grande. Creíamos que se iba a morir; por eso su hermana le ha avisado a usted; pero ahora ya ha pasado el peligro, y no queremos asustarle.

—¿Asustarle? —repuso el cura—. No, al revés; se tranquilizará.

—Es que ha tomado hace poco una medicina y está entontecido.

—No importa, no importa; me han dicho que es un chico muy bueno, pero de ideas avanzadas, antirreligiosas; además, ha sido seminarista, y es necesario que se retracte.

Y el cura trató de pasar a la alcoba.

—No entre usted, señor cura —murmuró la Salvadora.

—Mi obligación es salvar su alma, hija mía.
—Entonces, espere usted un momento; yo le hablaré de nuevo —replicó ella.
Y entrando en la alcoba, cerró la puerta con llave.
—¿Se ha marchado? —la preguntó Juan débilmente.
—Sí.
—Defiéndeme, hermana mía —gimió el enfermo—, que no entre nadie más que mis amigos.
—Nadie entrará —repuso ella.
—¡Gracias! ¡Gracias! —murmuró él, y volviéndose de lado, añadió—: Voy a seguir con mi sueño.
De cuando en cuando, la Ignacia, con voz imperiosa, llamaba a la puerta de la alcoba; pero Juan apenas oía y la Salvadora no contestaba.
—Si vieras —murmuró el enfermo— las cosas que he soñado esta noche. ¡Oh, qué sueños tan hermosos!
En esto se oyó un murmullo de voces; luego llamaron más fuerte a la puerta de la alcoba.
—Abre, Salvadora —dijo la voz de Manuel.
Abrió ella, y Manuel entró de puntillas en el cuarto.
—Ya se ha marchado —advirtió en voz baja.
—Tu mujer es una mujer valiente —murmuró, sonriendo, Juan—; le ha despedido al cura que venía a confesarme.
Juan tendió una mano a la Salvadora y otra a Manuel.
—Nunca he sido tan feliz —dijo—. Parece que la proximidad de la muerte ha de ser terrible, ¿verdad? Pues ya la veo venir como una cosa tan vaga, tan dulce...
Durante todo el día, Juan estuvo hablando con sus

hermanos de la infancia, de sus ideas, de sus sueños...
Los Rebolledo estaban en el comedor por si se ofrecía algo.

Al anochecer se oyó una aldabada discreta, se cerró recatadamente la puerta y alguien subió salvando de dos en dos los escalones. Era el *Libertario*, que venía a enterarse de lo que pasaba. Al saber el estado de Juan, hizo un ademán de desesperación.

Contó que el señor Canuto estaba en el hospital, gravísimo. Le habían dado sablazos en la cabeza y en la espalda. Tenía una conmoción cerebral, y probablemente moriría.

—¿Va usted a entrar a ver a Juan? —le preguntó Perico Rebolledo.

—No, voy a avisar a los amigos, y luego volveré.

Salió el *Libertario* corriendo, y al poco rato volvió acompañado de Prats, del *Bolo* y del *Madrileño*.

Pasaron los cuatro a la alcoba. Juan estaba cansado de hablar, y sentía una gran debilidad. Alargó la mano a los amigos, y murmuró:

—Ahora estoy soñando cosas hermosas, muy hermosas. Adiós, compañeros. Yo he cumplido mi misión, ¿verdad?... Seguid trabajando. Ahí os dejo mis papeles... Si creéis que son útiles para la idea, publicadlos... ¡Adiós!

Se quedaron los anarquistas en el comedor charlando. Dejaron el balcón abierto. De la taberna alguien había dado la noticia al Círculo de la gravedad de Juan, y de cuando en cuando se acercaba alguno a la casa, y desde la misma acera gritaba:

—¿Eh?

—¿Quién es? —decía Prats o el *Libertario*, saliendo al balcón.

—¡Salud, compañero!
—¡Salud!
—¿Cómo está Juan?
—Mal.
—¡Que lástima! Vaya... ¡Salud!
—¡Salud!
Al cabo de un rato se repetía lo mismo.
La Salvadora y Manuel estaban en el cuarto de Juan, que divagaba continuamente. Sentía el enfermo la preocupación de ver la mañana, y a cada paso preguntaba si no había amanecido.
Tenían abiertas las contraventanas por orden de Juan. A las cuatro empezó a amanecer; la luz fría de la mañana comenzó a filtrarse por el cuarto. Juan durmió un rato, y se despertó cuando ya era de día.
En el cielo azul, con diafanidades de cristal, volaban las nubes rojas y llameantes del crepúsculo.
—Abrid el balcón —dijo Juan.
Manuel abrió el balcón.
—Ahora levantadme un poco la cabeza.
Metió la Salvadora el brazo por debajo de la almohada y le irguió la cabeza. Luego le colocaron un almohadón debajo para que estuviera más cómodo.
Ya el sol de una mañana de mayo, brillante como el oro, iba iluminando el cuarto.
—¡Oh! Ahora estoy bien —murmuró el enfermo.
El reflejo rojo del día daba en el rostro pálido del enfermo. De pronto hubo una veladura en sus pupilas y una contracción en la boca.
Estaba muerto.
La Salvadora y la Ignacia vistieron a Juan, que había quedado como un esqueleto. Quitaron la mesa del comedor, y allí pusieron el cadáver.

Su rostro, después de la muerte, tomó una expresión de serenidad grande.

Durante todo el día no pararon de ir y venir compañeros. Entraban, hablaban en voz baja y se marchaban entristecidos.

Por la noche se reunieron más de doce personas a velar al muerto. Manuel entraba también a contemplarle.

¡Quién le había de decir que aquel hermano a quien no había visto en tanto tiempo iba a dejar una huella tan profunda en su vida!

Recordaba aquella noche de su infancia, pasada junto a su madre muerta. El mismo flujo tumultuoso de pensamientos le sobrecogía. «¿Qué hacer? —pensaba—. Se ha hundido todo. ¿Es que ya no quedaba en la vida cosa digna de ser deseada? ¿Es que ya no había más plan que hundirse para siempre en la muerte?»

—¡Te has ido al otro mundo con un hermoso sueño —y miraba el cadáver de Juan—, con una bella ilusión! Ni los miserables se levantarán, ni resplandecerá un día nuevo, sino que persistirá la iniquidad por todas partes. Ni colectiva ni individualmente, podrán libertarse los humildes de la miseria, ni de la fatiga, ni del trabajo constante y aniquilador.

—¡Acuéstate! —dijo la Salvadora a Manuel, viéndole tan excitado.

Estaba rendido, y se tendió en la cama.

Tuvo un sueño extraño y desagradable. Estaba en la Puerta del Sol y se celebraba una fiesta, una fiesta rara. Llevaban en andas una porción de estatuas; en una ponía «La Verdad», en la otra «La Naturaleza», en la otra «El Bien»; tras ellas iban grupos de hombres de blusa con una bandera roja. Miraba Manuel asombrado aquella procesión, cuando un guardia le dijo:

—¡Descúbrete, compañero!

—Pues ¿qué es lo que pasa? ¿Qué procesión es ésta?

—Es la fiesta de la anarquía.

En esto pasaron unos andrajosos, en los cuales Manuel reconoció al *Madrileño*, a Prats y al *Libertario*, y gritaron: «¡Muera la anarquía!», y los guardias los persiguieron y fueron dándoles sablazos por las calles.

Enredado en este sueño le despertó la Salvadora.

—Está la Policía —le dijo.

Efectivamente, a la puerta había un hombre bajito, de barba, elegante, acompañado de otros dos.

—¿Qué quiere usted? —le dijo Manuel.

—Tengo entendido que hay una reunión de anarquistas aquí y vengo a hacer un registro.

—¿Trae usted auto del juez?

—Sí, señor. Traigo también orden de prender a Juan Alcázar.

—¡A mi hermano! Ha muerto.

—Está bien; pasemos.

Entraron los tres policías en el comedor sin quitarse el sombrero. Al ver la gente allí reunida, uno de ellos preguntó:

—¿Qué hacen ustedes aquí?

—Estamos velando a nuestro compañero —contestó el *Libertario*—. ¿Es que está prohibido?

El principal de los polizontes, sin contestar, se acercó al cadáver y lo contempló un instante.

—¿Cuándo lo van a enterrar? —preguntó a Manuel.

—Mañana a la tarde.
—Es usted su hermano, ¿verdad?
—Sí.
—A usted le conviene que no haya atropellos, ni escándalos, ni ninguna manifestación en el entierro.
—Está bien.
—Nosotros haremos lo que nos parezca —dijo el *Libertario*.
—Tenga usted cuidado de no ir a la cárcel.
—Eso lo veremos —y el *Libertario* metió la mano en el pantalón y agarró su revólver.
—Bueno —dijo el polizonte, dirigiéndose a Manuel—; usted es hombre de buen sentido y atenderá mis indicaciones.
—Sí, señor.
—Buenas noches —saludaron los policías.
—Buenas noches —contestaron los anarquistas.
—¡Cochina *rasa*! —gruñó Prats—. Este maldito pueblo había que quemarlo.

Todos hablaron en el mismo sentido. Odio eterno, eterna execración contra la sociedad.

Por la mañana, algunos, se fueron al trabajo, y quedaron Prats, el *Libertario* y Manuel. Estaban hablando cuando se presentó en el cuarto la *Manila*.

La Salvadora la dejó pasar. Había estado en el hospital, enferma. Se le notaba la enorme palidez en los labios y en los ojos. La habían operado a la pobre y olía de un modo insoportable a yodoformo. Entró, tocó la cara del cadáver con las manos y empezó a llorar. Manuel la contempló con melancolía. Aquella tristeza de animal en los ojos, el cuerpo débil, las entrañas quemadas por el cirujano...

—¡Maldita vida! —murmuró—. Había que reducirlo todo a cenizas.

Salió la *Manila* y a la media hora volvió con lirios blancos y rojos, y los echó en el suelo delante de la caja.

A las dos era el entierro, y para antes de esta hora había ya un grupo grande en la calle de Magallanes. Al dar las dos, Perico Rebolledo, Prats, el *Libertario* y el *Bolo* sacaron la caja en hombros y la bajaron hasta el portal. Un amigo de Prats echó una bandera roja encima del ataúd y se pusieron todos en marcha. Cruzaron por entre callejuelas, hasta salir al paseo del Cisne. Iban allá a dejar la caja en el coche, cuando cuatro mujeres, a quienes Manuel no conocía, les sustituyeron, y siguió el cortejo. Las cuatro, con el mantón terciado, braceaban garbosamente. En la Castellana la gente se paraba a mirarles. En el barrio de Salamanca pusieron la caja en el coche y siguió todo el cortejo a pie. Al pasar de las Ventas, en el camino del Este, por detrás de cada loma, salía una pareja de municipales, y cerca del cementerio había un piquete de guardias a caballo.

Entraron los obreros en el cementerio civil, colocaron la caja al borde de la fosa y la rodearon los acompañantes.

Estaba anocheciendo; un rayo de sol se posó un instante sobre la lápida de un mausoleo. Se bajó con cuerdas la caja. El *Libertario* se acercó, cogió un puñado de tierra y lo echó a la hoya; los demás hicieron lo mismo.

—Habla —le dijo Prats al *Libertario*.

El *Libertario* se recogió en sí mismo, pensativo. Luego, despacio, con voz apagada y temblorosa, dijo:

—Compañeros: Guardemos en nuestros corazones la memoria del amigo que acabamos de enterrar. Era un hombre, un hombre fuerte con un alma de niño... Pudo alcanzar la gloria de un artista, de un gran artista, y prefirió la gloria de ser humano. Pudo asombrar a los demás, y prefirió ayudarlos... Entre nosotros, llenos de odios, él sólo tuvo cariños; entre nosotros, desalentados, él sólo tuvo esperanzas. Tenía la serenidad de los que han nacido para afrontar las grandes tempestades. Fue un gran corazón, noble y leal...; fue un rebelde, porque quiso ser un justo. Conservemos todos en la memoria el recuerdo del amigo que acabamos de enterrar..., y nada más. Ahora, compañeros, volvamos a nuestras casas a seguir trabajando.

Los sepultureros comenzaron a echar con presteza paletadas de tierra, que sonaron lúgubremente. Los obreros se cubrieron y en silencio fueron saliendo del camposanto. Luego, por grupos, volvieron por la carretera hacia Madrid. Había oscurecido.

FIN

Madrid, diciembre 1904.

ÍNDICE

Págs.

PRÓLOGO. Cómo Juan dejó de ser seminarista 7

PRIMERA PARTE

I. Un barrio sepulcral. — Divagaciones trascendentales. — Electricidad y peluquería. — Tipos raros, buenas personas 29
II. La vida de Manuel. — Las tertulias del Enano. El señor Canuto y su fraseología 41
III. Los dos hermanos. — Juan charla. — Recuerdos de hambre y de bohemia 48
IV. El busto de la Salvadora. — Las impresiones de Kis. — Malas noticias. — La violeta. — No todo es triste en la vida 59
V. A los placeres de Venus. — Un hostelero poeta. ¡Mátala! — Las mujeres se odian. — Los hombres también 69
VI. Las vagas ambiciones de Manuel. — Las mujeres mandan. — Roberto. — Se instala la imprenta . . 80
VII. El amor y la debilidad. — Las intermitentes y las golondrinas. — El bautizo de su majestad Curda I en una imprenta 87

SEGUNDA PARTE

Págs.

I. Juego de bolos, juego de ideas, juego de hombres. 99
II. El Derecho.—La Ley.—La Esclavitud.—Las vacas.—Los negros.—Los blancos.—Otras pequeñeces 115
III. No hay que confiar en los relojes ni en la milicia. Las mujeres son buenas, aun las que dicen que son malas.—Los borrachos y los perros 124
IV. El inglés quiere dominar.—Las razas.—Las máquinas.—Buenas ideas, bellos proyectos . . . 135
V. El buen obrero socialista.—Los esparcimientos de Jesús.—¿Para qué sirven los muertos?. . . 143
VI. El francés que canta.—El protylo.—Cómo llega a tener las ideas.—Sinfonía en rojo mayor . . 153
VII. Un paraíso en un camposanto.—Todo es uno y lo mismo 166
VIII. Cómo cogieron al *Bizco* y no vino la buena.—Nunca viese la buena para los desdichados . . . 172
IX. La dama de la toga negra.—Los amigos de la dama.—El pajecillo, el lindo pajecillo . . . 187

TERCERA PARTE

I. Las evoluciones del *Bolo*.—Danton, Danton, ése era el hombre.—¿Anarquía o socialismo?..., lo que gustéis 201
II. Paseo de noche.—Los devotos de Santa Dinamita.—El Cerro del Pimiento 218
III. El mitin en Barbieri.—Un joven de levita.—La carpintería del Arca de Noé.—¡Viva la literatura! 232

		Págs.
IV.	Gente sin hogar.—El *Mangue* y el *Polaca*.—Un vendedor de cerbatanas.—Un gitano.—El *Corbata*.—*Santa Tecla* y su mujer.—La *Manila*.—El oro escondido	250
V.	Esnobismo sociológico.—Anarquistas intelectuales.—Humo	259
VI.	Miedos pueriles.—Los hidalgos.—El hombre de la Puerta del Sol.—El enigma Passalacqua	269
VII.	Otra vez Roberto.—La lucha por la vida.—El regalo del inglés.—El amor	288
VIII.	La coronación.—Los que encarecen los garbanzos.—El final del señor Canuto	300
IX.	La noche.—Los cuervos.—Amanece.—Ya estaba bien.—Habla el *Libertario*	309